李丽 著

天津出版传媒集团
天津人民出版社

图书在版编目（CIP）数据

抢单 / 李丽著 . —天津 ：天津人民出版社，2019.7

ISBN 978-7-201-14670-6

Ⅰ . ①抢… Ⅱ . ①李… Ⅲ . ①销售—方法 Ⅳ . ① F713.3

中国版本图书馆 CIP 数据核字（2019）第 083547 号

抢单

QIANGDAN

出　　版　天津人民出版社

出 版 人　刘　庆

地　　址　天津市和平区西康路35号康岳大厦

邮　　编　300051

邮购电话　（022）23332469

网　　址　http://www. tjrmcbs. com

电子信箱　tjrmcbs@126.com

责任编辑　刘子伯

装帧设计　朱晓艳

印　　刷　北京溢漾印刷有限公司

经　　销　新华书店

开　　本　710 × 1000毫米　1/16

印　　张　15

字　　数　210千字

版次印次　2019年7月第1版　2019年7月第1次印刷

定　　价　42. 80元

前言

成为一名销售大师，跻身于“千万俱乐部”，享受来自四面八方的掌声和赞誉，是每一位销售员梦寐以求的目标。然而，多数销售员注定只能是个平庸者——他们不分寒暑、顶风冒雨地穿梭在大街小巷，时而汗满胸膛，时而被风雨淋湿了衣裳，却收入微薄，仅够糊口之用；而只有少数人才能成为销售大师，轻松地开展各种各样的业务，成为令人艳羡的富翁。为什么会这样？为什么同样做的是销售工作，为什么同是在一个行业中摸爬滚打的人，差别就这么大呢？那些已然成功的销售大师告诉我们：因为大多数人不注重细节的把握！

任何产品的销售，均是一个复杂的系统工程，其中的每个细节都关系到销售的成败。

当前，买方市场的形成已是不争的事实，人们的购买心态日臻成熟，消费预期日趋理性。大形势要求我们在进行销售时，必须以客户需求为出发点，并最大限度满足其需求。而满足客户需求，应是全方位、多层次的，既要满足客户对商品使用价值的需求，也要满足客户的精神和心理需求；既要满足客户对购买结果的需求，亦要满足客户对享受过程的需求；既要满足客户对大的方面的需求，还要满足

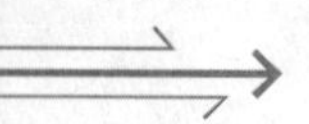

消费者的细微需求。在这样的背景下，销售细节也就必须要被重视起来了。

细节服务在买方市场的环境下起到了润物细无声的作用。销售人员在产品、服务、销售等方面在细小处为客户无微不至的考虑，为他们提供方便、快捷，给他们解决难题，为其消费带来超值享受，销售员即使身处买方市场，同样能够游刃有余，佳绩频创。

本书全方位阐释了现代销售的细节、方法、技巧、法则。内容包括服务原则与规范化、客户心理分析、接近不同客户的技巧、如何处理客户异议、促成交易的语言技巧等。这不是一本枯燥晦涩的销售理论阐述，本书的重点在于解决销售过程中的实际问题，强调如何做、怎么做，将销售涉及的所有细节各个击破，助你成交每一单。

本书适用于各领域、各级别的销售人员。不管你是刚入行的销售新人，还是已经获得一定成就的销售达人，这本书都能为你提供应对各类真实销售场景的具体问题解决方法。

第一章　销售，从自我销售开始

销售工作是销售产品，也是销售自己——销售自己的职业魅力与交际能力。客户对产品的认可，实际上首先来自于是对销售人员的认可，因而想要将自己的产品顺利销售出去，首先一定要将自己完美地销售给顾客。

第二章　开发客户，在有鱼的地方钓鱼

客户就是我们的衣食父母，对于销售新人来说，最难办的问题就是怎样找到有效客户。只有找到了有效客户，你的业绩才能节节攀升，因此，你必须充分重视客户、了解客户，了解客户的需求，并不断培养自己开发客户和维护客户的本领和技能。

第三章　约见与拜访不容有失

约见与拜访并不比其他任何形式的销售活动更有噱头。它只是针对具有战略意义的重要人物及未来客户，高度地扩展渗透力的一种方式。它几乎能在一夕之间将你推送到销售新贵的位置上，而且并不需要很高的成本，如果你做得足够完美，它甚至可以没有任何成本。

第四章 最重要的是客户的感受

当你跟任何人交往，首先你自己就是产品。只有把思想放在他们身上，才会让他们看到最佳的产品。赢得销售最好的方法就是赢得客户的心。一个好的销售员不止要自身足够优秀，更要注重客户的切身感受。就如同你自己就是客户，希望别人要怎样对待你一样。

第五章　说好开场白，然后才有然后

洽谈的第一句话说砸了，销售活动也就搞砸了。能否让客户从第一句话一直听到最后一句话，取决于客户对你是否产生好感。作为一个合格的销售员，应该在开始的几秒钟之内就抓住客户的心，这个时间越短，对你的销售活动将越有利。

第六章　话术：有逻辑地说服客户

销售是面谈交易，销售员的终极目标是说服客户签单。说什么，怎么说，这是问题的关键所在。如果你想成功完成销售，就一定要按下客户的心动按钮。销售员如何才能在销售活动中使顾客口服心服，自愿掏出钱包，关键在于四个字：心理驾驭。

第七章　忌讳：规避销售中不可饶恕的错误

每个人都希望与有涵养、有层次的人在一起，相反，不愿与那些粗俗的人交往。同样，在销售进行时，不当之举对我们的销售活动必然带来负面影响。从销售心理学来讲，不考虑客户感受，客户就会产生不满感，排斥心理也会随之产生。

第八章　服务细节里的“人性化”

服务的竞争，是高层次的竞争，在服务中讲究完美细节，就能使自己永远立于不败之地。客户在物质需求得到满足的基础上，同时得到了尽善尽美的延伸服务和享受，势必成为销售员的“忠实拥护者”，从而实现了真正的“双赢”。

第一章
销售，从自我销售开始

销售工作是销售产品，也是销售自己——销售自己的职业魅力与交际能力。客户对产品的认可，实际上首先来自于是对销售人员的认可，因而想要将自己的产品顺利销售出去，首先一定要将自己完美地销售给顾客。

没有准备，就准备失败吧！

作为一名销售员，你一定要在拜访客户前就做好所有准备工作，不要怀疑，这和销售的成败有很大关系，只有了解客户、了解客户的情况，才能制订出完备的销售计划。

其实，销售员的工作和演员有很大的相似之处，那就是必须预先背好台词，做过多遍的排练，这样才能够有备而来，而不是随随便便地就上台演戏。

一天，原一平乘出租车出去办事，在一个十字路口，红灯亮起，原一平无意中转头向窗外看了一眼，正好看到与他同行的一辆黑色奔驰轿车，车里坐着一位衣着华贵的老人。

原一平心想，这老人一定大有来头。于是，他让司机跟上那辆车，抄了那辆车的车牌号。随后，原一平通过有关渠道，查明这个车牌号的车主是一家大型公司的董事长。

然后，他打电话到该公司说："您好，是某某公司吗？今天我在出租车里看到坐在那辆黑色豪华车上的那位老先生非常面熟，好像以前在哪里见过，但我一时又想不起来了，您能帮忙提醒一下吗？我没有其他的意思。"对方说："那是公司董事长的车。"

原一平终于知道那辆车的车主是某某公司的董事长山本先生。然后，原一平开始调查他的学历、出生地、兴趣、爱好等。

当一切都调查清楚之后，就直接去拜访山本先生。由于原一平对山本先生情况的熟知、对他公司的全面了解以及拜访前的相关事宜准备，这件事就容易入手了。后来，山本先生成了原一平的客户。

这足以说明准备工作对成功销售的重要性。那么在销售之前，销售员应该做好哪些工作呢？

目前，很多公司都为销售员提供合格的客户，这些客户一般是通过各种广告和促销活动得到的。在这种情况下，专业销售员在与客户会面前，就有很多事要做了。除客户传给销售部门的信息外，专业销售员还应该捕捉到其他一些信息。

专业销售员在销售之前，总是要做一些准备。即使是一次陌生的拜访，他也不会毫无准备地跑去敲门。他要做一些研究，以保证敲对门。根据他所提供的产品或服务的不同，这种准备工作会很费时间，但必须得做。专业销售员善于从潜在客户身上发现尽可能多的信息，诸如客户的兴趣、爱好等，只有这样，专业销售员才能够摸准客户的病情，对症下药。

众所周知的“销售之神”原田一郎在与客户见面之前，总是从所有收集到的详细资料中，描绘出客户的形象，甚至想象站在客户面前与客户谈天说笑的情景，如此演练数次之后，才会与客户会面。

原田一郎说：“调查的结果，起码要能达到与准客户见面的时候，就对方而言，是平生第一次见到我，但对我而言，已经摸清了他的底细，犹如十多年的老友了。”

准备工作在于全面、精确，应当包括对各种突发情况的应对方案的考虑。在销售之前的准备工作中，制定多个不同销售方案的好处在于：你会清楚万一初次销售宣告失败，你还可以提出哪些不同的选择由对方思考，而不至于毫无准备地接受一个你根本就不满意的交易结果，虽然签约一刻的到来，你觉得那是你唯一合理的选择。

在许多情况下，自认为销售不会失败，从而只抱着一种既定的销售目标不放，确实也没有造成什么损失。但是，绝大多数的谈判都会按照不同的形式进行，并且时常受到迟迟无法达成协议的困扰。

不要在自己毫无退路的情况下再后悔，这是毫无意义的。销售工作应着眼于对成功的追求而不是对失败的检讨。因此，你必须事先准备一些应付突发事件的对策。

俗话说得好——有备无患。这句话对于销售员的访问活动来讲，更是意义深重。销售员出去拜访时，务必随身携带下列物品：

小镜子、手帕、手表、皮包、打火机、名片、小梳子、记事本、宣传资料、价目表等。这些物件对销售员来说，都是极其重要的辅助用品。

房地产销售员戴维斯每次去销售时，车子里一定备有一些简单的工具。碰到客人的房子有大门松动或水龙头不够紧的时候，戴维斯就自己动手修一修。戴维斯可是一位年创造上百万元营业额的业务员。销售工厂机械消耗品的销售员哈尔斯，在公事包里经常放着一套工作服。当他拜访客户的时候，一定会换上工作服前往现场观察机械运作的情形，遇有现场人员不懂的地方，他立刻亲自指导操作。这和一般穿着西装拿着产品目录销售的业务员不一样，因而很容易打动现场人员的心。这么多优秀的销售员都要事先做好充分的准备，那你又如何呢?

可见，充分的准备工作将确保你的销售工作顺利开展并有序地进行，从而也在更大程度上使你获得成功。有大量的事前准备，到时才可轻松的完成目标任务。

成功只会降临到那些有准备的人身上，作为一名合格的销售员，你一定要把准备工作做充分，这样销售做起来，才会事半功倍。

你的仪表，价值千万

人都是先看外表的，外在形象关系到我们留给别人的第一印象。作为一名销售员，如果你的仪容过不了关，那么客户就会对你和你要销售的产品先失去了兴趣：这么差劲儿的销售员，拿得出什么好东西吗？因此，销售高手都十分注意调整自己的外表，以期直接迅速地给客户留下最好的印象。

日本销售界流行一句话：若要成为第一流的销售员，就应先从仪表修饰做起。而美国最优秀的销售大师法兰克·贝格也曾说过，外表的魅力可以让你处处受欢迎，不修边幅的销售员在给人留下第一印象时就失去了主动。

8 月份的一个炎热的下午，一位销售钢材的专业销售员走进了一家制造公司的总经理办公室。这个销售员身上穿着一件有泥点的衬衫和一条皱巴巴的裤子。他嘴角叼着香烟，含糊不清地说："早上好，先生。我代表大洋钢铁公司。"

"你也早上好！你代表什么？"这位总经理问，"你代表大洋公司？听着，年轻人，我认识大洋公司的几个头儿，你没有代表他们——你错误地代表了他们。"

很明显这是一次失败的销售！

一位销售员刚刚进入销售行业时，他的着装打扮十分不得体，为此公司的一位顶尖销售员对他说："老兄，头发太长了，一点也不像个销售员，该理发了，每周都要去理一次，那样看上去才会有精神，领带也没有系好，衣服的颜色搭配太不协调了，真该找个人好好请教一番了。"并且他告诉这位新手，只有穿着打扮得体，才会更容易赢得别人的信任，更容易达成交易。

这位销售员觉得他讲得很有道理，听从了他的建议，每周去理一次头发，并且他还专门去向别人请教如何打领带、如何搭配衣服。这些虽然浪费了他许多钱，但是结果正如那位顶尖销售员所说的那样，他的投资马上就赚回来了。

有人说着装打扮不是万能的，但装扮不得体是万万不行的。这话确实很有道理。如果你的穿着得体，信心自然会大增。

而生活中，一些销售员常辩解说，天天都在外面跑，哪有时间换干净的衣服，连和女朋友约会都要灰头土脸地去。销售员工作虽然是一个回报丰厚的工作，但确实也是非常辛苦的。尽管如此，一个聪明的销售员，也应该知道，外表是他的第一张牌。

比如有一个汽车交易商准备卖一辆二手汽车，他会怎么样做呢？直接把车开去卖了？不，很明显，他首先会把车送到车间里，将表面的擦痕都磨光，然后重新上漆；之后还要将车内装饰一新，换上新的轮胎，调试好其他设备，使一辆旧车“旧貌换新颜”。只有这样的汽车，才可能卖个好价钱。作为销售员也是一样。记住，仪表不凡和风度翩翩，会使你在客户心目中的可信度增值，合适的形象会为你的成功增加砝码。而衣着邋遢不只会损害你的个人形象，也会阻碍你销售的成功。

斯洛克是一个出色的销售员。有一次，斯洛克在一次技术交流会上结识了一位经理，该经理对斯洛克公司的产品颇感兴趣。两人约定了时间准备再仔细商谈一下。但等到前往公司的那一天，下起了大雨，于是斯洛克就穿上了防雨的旧西装和雨鞋出门。斯洛克到了那家公司以后便递出了名片，要求和经理面谈，然而他等了将近一个小时，才见到那位经理。斯洛克简单地说明了来意，没想到那位经理却冷淡地说：“我知道，你跟负责这事的人谈吧，我已跟他提过了，你等会儿过去吧。”

这种遭遇对斯洛克来说还是第一次，在回家的路上他反省着：“是哪一个地方做错了呢？”今天所讲的内容应是跟平常一样魅力十足地吸引客户的呀！怎么会这样，他百思不得其解。

然而，当他经过一家商店的广告橱窗，看到自己的身影后恍然大悟，立刻明白了自己失败的原因。平常斯洛克都穿得干净、潇洒而神采奕奕，而今天穿着旧西装、雨鞋，看来就像落魄的流浪汉，更别提销售了。

可见，穿着打扮的不同，给人留下的印象也会不同，而对于销售员，人们往往是以貌取人的。

一位经验丰富的经理说：“有一天，一个人来拜访我。他的穿着就像一部著名的老剧《上午之后》中的一个角色。他开始做一个好得非同寻常的销售推介，但我的注意力总是无法集中。我看着他的鞋子、他的裤子，然后再把目光扫过他的衬衫和领带。大部分时间里我都在想，如果这位专业销售员说的都是真的，那他为什么穿得如此落魄呢?

“他告诉我他手中有很多订单，他有许多客户，他们也购买了大量的此种产品。但他的个人外表致命地显示他说的话不是真的。我最后没有购买，原因是我对他的陈述没有信心。”

再好的商品，如果被穿着邋遢的销售员拿着，商品也会随之得到不好的评价。因此，销售员只要有这样不合格的打扮，首先就会失去与他人竞争的入门机会，更不用说销售产品了。因此，请在衣着打扮上多花点时间、多花点金钱，这样做你绝对不会吃亏。

适宜的穿着，是体面的关键

销售行业处处以貌取人，衣着打扮品味好、格调高的销售员，往往占尽先机。然而这并不意味着打扮得越华丽越好，对销售员来说，最重要的是打扮得适宜得体，这样才能得到客户的重视和好感。

适宜的衣着是仪表的关键，所以销售员应该注意其服饰与装束。

服饰的穿着没有固定的模式，应该根据预期的场合、所销售的商品类型等灵活处理。一般来说，销售员穿白衬衣，打领带，配深色西装为宜。若故意穿奇装异服，想以此给你的客户留下深刻的印象是不明智的。销售员的衣着应与自己要走访的客户的服饰基本吻合，如果反差太大，你的客户将难于接受你及你销售的商品。若一名销售员穿着笔挺的西装、锃亮的皮鞋，珠光宝气地去走访客户，那无疑是自寻绝路。销售员的衣着还应与客户所在的场合相一致，如果你的销售对象是在工作场所，则穿着应较为正规；如果走访对象是在家中，穿着则可随便一些；如果你走访的对象是高层管理者，则应注意服饰的品牌、质地。销售员也应注重自身的整洁状况和卫生习惯，如，男销售员应经常修理自己的胡须、头发，以便给人以精神饱满的感觉，而不修边幅、邋邋遢遢，就有可能会失去销售机会。

那么，怎样的装扮才算得体呢?

要想做一个专业的销售员，一定要有一个适合自己的着装标准。对于男销售员来说，与客户见面时可以穿有领T恤和西裤，使自己显得随和而亲切，但要避免穿着牛仔装，以免显得过于随便。如果是去客户的办公室，则要求穿西装，因为这样会显得庄重而正式。在所有的男式服装中，西装是最重要的，得体的西装会使你显得神采奕奕、气质高雅，内涵丰富、卓尔不凡。

销售员在选择西装时，最重要的不是价格和品牌，而是包括面料、裁剪、加工工艺等在内的许多细节。在款式上，样式应简洁。在色彩选择上，以单色为宜，建议至少要有一套深蓝色的西装。深蓝色显得高雅、理性、稳重；灰色比较中庸、平和，显得庄重而得体；咖啡色是一种自然而朴素的色彩，显得亲切而别具一格。

另外，穿西装还要注意熨烫，口袋里不要塞得鼓鼓囊囊。切忌在西裤上别着手机、大串钥匙，这会破坏西装的整体感觉。

在选择领带时，除颜色必须与自己的西装和衬衫协调之外，还要求干净、平整不起皱。领带长度要合适，打好的领带尖应恰好触及皮带扣，领带的宽度应该与西装翻领的宽度和谐一致。

而在选择衬衫时，应注意衬衫的领型、质地、款式都要与外套和领带协调，色彩上与个人特点相符合。纯白色和天蓝色衬衫一般是必备的。注意衬衫领口和袖口要干净。

在着装的搭配中，袜子也是体现销售员品位的细节。选择袜子时，应以颜色为黑、褐、灰、蓝单色或简单的提花为主的棉质袜子为佳。切记袜子宁长勿短，以坐下后不露出脚为宜，袜口不可以暴露在外。袜子颜色要和西装协调，最好不要选太浅的颜色。

鞋的款式和质地也直接影响到销售员的整体形象。黑色或深棕色的皮鞋是不变的经典。无论穿什么鞋，都要注意保持鞋子的光亮，光洁的皮鞋会给人以专业、整齐的感觉。

女性销售员在着装上，也有许多需要注意的地方，最好不要选择皱巴巴的衣服，这样会让客户觉得你很邋遢，而平整的衣服使你显得精神焕发，所以应保持衣服熨烫平整。建议购买服装时多选择一些不易皱的衣料。

在选择袜子时，要以近似肤色或与服装搭配得当为好。夏季可以选择浅色或近似肤色的袜子。冬季的服装颜色偏深，袜子的颜色也可适当加深。女性销售员应在皮包内放一双备用丝袜，以便当丝袜被弄脏或破损时可以及时更换，避免尴尬。

对于很多女性业务员来说，佩戴饰品能够起到画龙点睛的作用，给女士们增添色彩。但是佩戴的饰品不宜过多，否则会分散对方的注意力。佩戴饰品时，应尽量选择同一色系。佩戴首饰最关键的就是要与你的整体服饰搭配统一起来。

另外，给销售员的一个建议是，选择服装既不要过于时尚，也不能随心所欲。作为一个销售员，前卫时尚不适合你的身份，也不会对你产生任何积极的作用。建议你采用比较中庸的造型，这样一来，对于追求新颖的年轻消费者来说，你不是太保守；对于思想保守的中老年客户来说，你也是一个可以信赖的人。大方简洁的衣服也许不能给你增色，但至少不会给你带来负面影响，它不会让你看起来是轻狂的或者浅薄的，相反一个循规蹈矩的形象或许能够提升你的可信任度！另外，有些年轻的销售员，总是凭着个人喜好，直接穿着喜欢的肥腿牛仔裤或者T恤衫去见客户，但这可能会给人一种不稳重的感觉，让消费者不信任。

消费者就是这么挑剔，因为你对他们来说是陌生人，他们对你的判断，就在见面的头几分钟！

因此，在工作的时候，销售员一定要改掉自己随心所欲的穿着习惯。衣服的选择一定要得体，应该跟你所从事的职业相适应，和你的身份、年龄、气质、场合相协调。

卫生习惯，可能为销售埋下隐患

一些销售员很注意自己的衣着装扮，但却常常忽略了一些卫生细节。因此，尽管他们衣着得体，脸上挂着灿烂的笑容，但仍然业绩不佳。因此，对销售员来说养成良好的卫生习惯也是非常重要的。

玛莎是一个日化用品销售员。有一次，她赶到某位夫人家里做产品演示，去的时候玛莎充满自信，因为这位夫人是一个老客户介绍的，而且对玛莎公司的产品颇有兴趣，但是不到半个小时，玛莎就垂头丧气地从那位夫人家中出来了。因为她犯了一个错误。当她做演示时，发现自己右手的指甲缝里沾了不少油污——可能是做家务时留下的痕迹。这些平时不太引人注意的油污，此刻却变得格外刺眼，她感到那位夫人一直在盯着她这只手，于是她只好手忙脚乱地做完了演示，结果不言自明，那位夫人婉转地拒绝了玛莎的销售，而最让玛莎难过的是对方看她的眼神。分明是在告诉她："你不是一个合格的销售员。"

不修边幅、不注重个人卫生就会给客户留下恶劣的印象，直接影响销售活动的进行，甚至会导致事业的最终失败。所以，注意卫生细节是非常必要的。

销售员们都应该时常自测一下，头发是否有讨厌的头屑？当你穿着深色的衣服时，那些白色的头屑是很恶心的。因此，销售员要经常洗头，确保自己的头发看起来是健康亮泽的，并且没有头屑。

眼睛。如果刚刚睡醒，一定要好好洗洗脸，特别要注意自己的眼角，不要留下东西。更不要等到你的客户提醒你："你的眼角有东西。"

鼻子。黑头还不太要紧，但是千万不能露出鼻毛，尤其是男士，一定要确信把它们都规矩地藏在鼻子里。

牙齿。如果你吸烟的话，那么想办法保证你的牙齿是洁白的，必要的话可以定期洗牙，"唇红齿白"向来是让人喜欢的。如果刚吃完饭，还是漱漱口吧，千万不要让菜屑留在你的牙齿表面。

口气。无论男女，就算不能呼气如兰，至少也应该保证没有异样的气味。一口的异味会让你的客户避你如瘟疫。你可以自己用手轻捂住嘴，张嘴吐气试试看看，有没有其他味道，见客户前，可多嚼些口香糖，既可清新口气，又可清洁牙齿。

颈部。这是另一个容易忽略的地方。请你仔细看看，或者请亲近的人帮你看看，你的颈部，尤其是后颈和耳后的位置是不是和脸一个颜色。略黑？那你就应该反省自己洗脸的方式了。洗脸的时候记住顺便洗洗脖子，当然如果你天天洗澡，那实在是一个好习惯，你也不需要担心这个了。

注意手指甲。不要把自己那双指甲里全是污垢的手放在客户面前。否则，客户会发现你是多么不讲卫生。

最后，请确认自己的身上没有令人不愉快的味道散发出来。一定要养成勤换内衣裤的习惯，可怕的气味有时候会从里面散发出来，那实在是太让人尴尬了。如果你发现自己身上有异味的话，就赶快换衣服、洗澡，然后用点香水或者香体液。千万不要直接用香水，难闻的体味和香水一旦混合，那是更加可怕的事情。试想，客户面对着一个浑身散发着臭气的销售员，他心中会作何感想？他一定是避之唯恐不及。所以一定要常洗澡，保持身体干净，无异味。更应注意的是腋臭。有腋臭的人本身并没有错，他们也有权利和别人一样成为专业的销售员。但不幸的是，他的腋臭可能会给他的客户带来不愉快的感觉，影响他的业绩。

但是，那些有腋臭的销售员自己是闻不到那股气味的。因此，他们根本想不到客户不悦的原因。对个人卫生的注意，再多也不过分，作为一名销售员，你一定要养成良好的卫生习惯，这样才能获得客户的信任和好感。

言语措辞与业绩息息相关

一般来说，销售员都是比较“能说会道”的人，可是并不是所有“能说会道”的人都能成为优秀的销售员。这是因为对销售员的语言要求，不仅是“善谈”，更主要的是还要有“礼节”，言谈的有礼与否往往决定着销售员的销售业绩。

一个年轻的销售员走进洛德先生的办公室，“嘿，老兄！来看看我们的这种复印机吧！瞧，这正是你用得上的。”“对不起，我不需要。”

洛德先生回答说。“别这样一口拒绝我嘛！你看你现在用的这台又老又旧，和办公室很不搭调，你该换换口味了，老兄！”接下来这位销售员熟练地把他带来的产品打开，在洛德先生面前演示了一遍，他的解说真的很精彩，洛德先生几乎都要动心了，但——“年轻人，谢谢你的精彩演示，但我的答案还是‘不’！不仅因为你对我无礼的称呼，还因为你不该贬低我的这台老式复印机，它是已故父亲留给我的最珍贵的礼物！”

在销售实务活动中，销售员一定要注意自己的言谈，只有彬彬有礼、训练有素，才会受到人们的欢迎。

1. 打招呼要注意礼节

销售员见到客户的第一件事就是向客户打招呼。一个恰到好处的问候，会给客户留下一个良好的印象。问候时，要注意根据客户的身份、年龄等特征，使用不同的称呼。另外，在向客户打招呼时，还要注意和客户在一起的其他人员，必要时须一一问候。因为这些人常常是客户的亲属、朋友、同学或同事。

称呼时要视客户而定，但不能把客户分为三六九等，应对所有客户一视同仁，都以温和、礼貌、亲切的语气和态度进行交谈。此外，称呼客户时要使用个性化的语言，如对老年客户称“大爷”或“大妈”，对中青年人可称“先生”、“女士”或“小姐”，对少年儿童可称呼“小朋友”“小弟弟”“小妹妹”这类用语，对外宾可称“先生”“夫人”“太太”“小姐”等。

20 世纪 80 年代的销售员，皮包里常揣着几包红塔山香烟，到了企业就猛发一气，显得很潇洒。但这一举动如果在 21 世纪的今天，人家会以为你是来自边远地区乡镇企业的销售员，而且也根本不会吸你的香烟。“小姐”这个称谓，在20世纪90年代初，对年轻女性称呼起来还很时尚，曾几何时，一些地方把三陪小姐也简称为“小姐”，因此，有些地方的女性不乐于称她为“小姐”，这显然是销售员必须注意的。

一位销售员到一高档居民区销售产品，他问一个气度儒雅的老人：“请问这位大妈，这里的住户都是干什么的？”这位老人慢慢悠悠地答道：“大妈老了，什么也不知道啊！”

销售员听出了老人的不悦，但又不明白问题出在哪里。原来，这是一个高级知识分子生活的社区，惯于接受“老师”“教授”的称呼，“大妈”这个称呼如何能让她接受？所以，这次询问的失败归咎于称呼不当。总之，销售员在与客户交谈时，须注意打招呼要文明、礼貌、恰当。要做到这一点，就请你务必记住，在打招呼时最好用上“请”和“谢谢”，因为这些词语是人际交往中的礼貌金句。

2. 合理选择交谈的语言

如果客户讲方言，而你又正好熟悉他所讲的方言，就可以适当用方言与客户交谈，这样既能融洽气氛，又能拉近双方的心理距离，增进双方的感情；如果不熟悉客户的方言，就用普通话交谈，因为不地道的方言可能会在沟通中造成误会；若是同时有多人在场，又并非所有的人都讲同样的方言，最好用普通话交流，千万不要旁若无人地与其中某一位讲方言，让其他人不知所云，颇觉尴尬。

另外，与客户交谈时还要注意使用通俗的语言，通俗易懂的语言最容易被大众所接受。所以，销售员在语言使用上要多用通俗化的语句，少用书面化、专业化的语句。如果故意咬文嚼字或使用深奥的专业术语，会令客户感到费解和不悦，这样不仅不能与客户顺利沟通，还会在无形之中拉大你与客户之间的距离。

3. 与客户交谈要注意分寸

与客户交谈时，有的销售员说到高兴时就忘乎所以，说话没有了分寸。要知道，这不但不礼貌，还非常有损你的专业形象。切记，在交谈中，下面这些敏感的雷区是要小心避免的：

①当客户谈兴正浓时，要倾心聆听，不与客户抢话，不打断客户；

②对于你不知道的事情，不要硬充内行，以免说错了贻笑大方；

③不可在客户面前谈论他人的缺陷和隐私，或贬低自己的竞争对手；

④不可谈论容易引起争执的话题，以免与客户产生冲突；

⑤说话时避免引用低级趣味的例子，以免令客户感到尴尬，或觉得你没风度。

销售是说服的艺术，销售员必须学会面对不同的销售场合和销售对象，使用恰当的语言进行说服。这样才能取得最佳的销售效果。

一举一动都不能大意疏忽

销售人员在拜访客户时除了要注意自己的仪容和服饰外，还必须注意自己的行为举止。务必做到举止高雅、落落大方，遵守一般的进退礼节，尽量避免各种不礼貌或不文明的行为习惯。这对销售员来说很重要，因为客户是不会接受一个举止粗俗无礼的销售员的，即使他的产品很好。

行为举止是一种无声的语言，是一个人性格、修养的外在体现，它会直接影响到客户对销售员的观感和评价，因此销售员在客户面前一定要做到举止高雅，坐、立、行、走都要大方得体。

首先来说坐相。一些销售员在客户面前总是坐立不安，晃来晃去，结果给客户留下了极不好的印象，他们的销售往往以失败告终。那么怎样才算"坐有坐相"呢？销售员到客户家拜访时，不要太随便地坐下，而且在客户尚未坐定之前，销售员不要先坐下，坐姿要端正，身体微向前倾，千万不可跷起"二郎腿"。因为这样不但不会让客户觉得你很亲切，反而会觉得你不够礼貌。销售员在就座时需要注意以下事项，以避免引起客户的反感：入座轻柔和缓，至少要坐满椅子的2/3，轻靠椅背，身体稍前倾，以表示对客户的尊敬，千万不可猛起猛坐，以免碰得桌椅乱响，或带翻桌上的茶具和物品，令人尴尬。

坐下后，不要频繁转换姿势，也不要东张西望，上身要自然挺立，不东倒西歪。如果你一坐下来就像摊泥一样地靠在椅背上或忸怩作态，都会令人反感；两腿不要分得过开，两脚应平落在地上，而不应高高地跷起来摇晃或抖动。

与客户交谈时勿以双臂交叉放于胸前且身体后仰，因为这样可能会给人一种漫不经心的感觉。

总的来说，男士的坐姿要端正，女士的坐姿要优雅。

再说说站姿。有一位销售员几乎已经成功地说服了他的客户，可是当他们站到办公室的吧台前谈具体事宜时，他的站姿却坏了事：他歪歪斜斜地站在那里，一只脚还不停地点地，好像打拍子一样。客户觉得销售员是在表示不耐烦和催促，于是，他就用“下一次再说吧”把这位销售员打发走了。销售员的不雅站姿，使得本该成功的交易突生变故，这就是举止无礼的后果。

销售员必须“站有站相”，因为良好的站姿能衬托出高雅的风度和庄重的气质。正确站姿的基本要点是挺直、稳重和灵活。站姿的禁忌是：一忌两腿交叉站立，因为它给人以不严肃、不稳重的感觉；二忌双手或单手叉腰，因为它给人以大大咧咧、傲慢无礼的感觉，在异性面前则有挑逗之嫌；三忌双手反背于背后，因为这会给人以傲慢的感觉；四忌双手插入衣袋或裤袋中，显得拘谨、小气；五忌弯腰驼背、左摇右晃、撅起臀部等不雅的站姿，给人懒惰、轻薄、不健康的印象；六忌身体倚门、靠墙、靠柱，这样会给人以懒散的感受；七忌身体抖动或晃动，这样会给人留下漫不经心、轻浮或没有教养的印象。

而走路姿势对销售员来说也同样重要，因为潇洒优美的走路姿势不仅能显示出销售员的动态美，也能体现出销售员自信乐观的精神状态。人们常说“行如风”，这里并不是指走路飞快，如一阵风刮过，而是指走路时要轻快而飘逸。具体要求是：

走路时要抬头挺胸，步履轻盈，目光前视，步幅适中；

双手和身体随节律自然摆动，切忌驼背、低头、扭腰、扭肩；

多人一起行走时，应避免排成横队、勾肩搭背、边走边大声说笑；

男性不应在行走时抽烟，女性不应在行走时吃零食。养成走路时注意自己风度、形象的习惯。

有的销售员问，个人走路与销售业绩有关吗？答案当然是肯定的。因为你不养成良好的走路姿势，势必会在销售的过程中给客户留下不好的印象。

除了注意坐、立、行、走的姿势外，销售员还要特别注意的是千万不要在客户面前做出一些不雅举动，这些不雅举动会使你的形象大打折扣，甚至会损害一桩交易。

在一个不吸烟的客户面前吸烟是一种很失礼的行为，这样做不仅会令对方感到不舒服，还会令他对你“敬而远之”；

无论男女，搔痒的动作都非常不雅，如果你当众搔痒，会令客户产生不好的联想，诸如皮肤病、不爱干净等，让客户感觉不舒服；

对着客户咳嗽或随地吐痰，也是一种应该杜绝的恶习。每一个销售员都应清醒地认识到，随地吐痰是一种破坏环境卫生的不良行为，这种举动本身就意味着你缺少修养；

打哈欠、伸懒腰。这样会让客户觉得你精神不佳，或不耐烦，客户因而也会对你和你的产品失去兴趣；

高谈阔论，大声喧哗。这种行为会让客户感觉你目中无人。一个毫不顾及旁人感受的人又怎么会为客户提供细致的服务呢?

交叉双臂抱在胸前，摇头晃脑的。这样的举止会令客户觉得你不拘小节，是个粗心的人；

双脚叉开、前伸，人半躺在椅子上。这样显得你非常懒散，而且缺乏教养，对客户不尊重，很容易会让客户反感。

销售员应随时随地注意自己的言行举止，在平时就要注意纠正自己的不雅行为，这样才能将自己最好的一面展现给客户。

不苟言笑，订单跑掉

我国有许多关于笑的俗语：“非笑莫开店。”“面带三分笑，生意跑不掉。”这就是在告诉我们，做生意的人要经常面带笑容，这样才会讨人喜欢，招徕客户。而世界上最伟大的销售员乔·吉拉德也说有人拿着 100 美金的东西，却连 10 美金都卖不掉，为什么？就是因为他的表情有问题。人的面部表情很重要：它可以拒人千里，也可以使陌生人立即成为朋友。

很多成功人士都指出，微笑是与人交流的最好方式，也是个人礼仪的最佳体现，特别是销售员而言，微笑更为重要。我们可以从日常观察中得出，当客户花钱来消费时，他肯定不愿意看到销售员愁眉苦脸的样子。当客户怒气冲冲地来投诉时，销售员的一张紧绷绷的脸只能让客户火上加油。相反，如果销售员能真诚地对客户微笑，就可能感染客户，使他调整态度。因此，你若从事销售这个特殊的职业，一定要学会微笑才行。

博特·纳尔逊在他的著作中提到了一件有趣的事情。

当纳尔逊正要离开一位准客户的办公室时，他注意到一位英俊的年轻人坐在这位经理的办公室外面。

“从他身旁经过时，我向他微笑，他好像被逗乐似的也向我微笑。

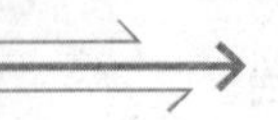

我们谈了一小会儿，然后我问他是否愿意一起吃个午饭。他愿意。之后我又回到他的办公室，向他介绍了更多关于我的产品的情况——多年之前他曾听过一次，他自己这样说。在他自己告诉我每年这样他能省下多少钱时，我基本上有把握我可以用任何价格卖给他这个产品。”

这次销售还带来了许多其他销售，所以纳尔逊这样说：“乐观是恐惧的杀手，而一个微笑能穿过最厚的皮肤。每一个准客户的心中都有一个微笑，你发自内心的微笑能把它引出来。你每一次微笑，都会让自己的生活和别人的生活明亮了一点。”一个微笑要在眼睛里有闪光，它不是你有时看见的僵硬的人为面部扭曲。

因此，作为一名销售员，你必须在生活中有意识地去练习微笑。微笑本身和个性的内向与外向无关，只要肯去训练，任何人都能拥有迷人的微笑。

不要把笑当作难事去训练，只要努力就行了。当然，笑容本身还是有分别的，并非所有的笑都适用于销售，充满温暖、亲切而又富有魅力的笑容，才是销售员最好的武器。

训练笑容，也并非易事。每天对着镜子摆笑脸，的确是非常枯燥的事。可为达目的，就必须有所付出。销售员务必使自己的笑容亲切、开朗，只有这样，才能让客户打开心扉并坦然地接受你。切忌皮笑肉不笑，这样会招致反效果。

也许大家都听说过“一张笑脸价值百万美元”的故事吧！

威廉·怀拉是美国销售寿险的顶尖高手，年收入高达百万美元。而他成功的秘诀就在于拥有一张令客户无法抗拒的笑脸。

威廉原是美国棒球界知名的人士，40 岁退役后想去应征保险公司销售员。他认为利用自己在棒球界的知名度，应聘没有问题，可没想到他惨遭淘汰。人事经理对他说："保险销售员必须有一张迷人的笑脸，而你却没有。"

威廉的倔强性格使他不但没有泄气，反而促使他一定要练出一张笑脸，他每天在家里大笑百次，弄得邻居以为他因失业而发疯了。

为了避免误会，他干脆躲在厕所里大笑。他搜集了许多明星人物迷人的笑脸照片，贴满房间，以便随时观摩学习。另外，他买了一面与身体同高的大镜子放在厕所内，以便每天进去练习大笑三次。经过长时间的练习，他终于练出了一张迷人的笑脸，而凭着这张"婴儿般天真无邪的笑脸"，他也成为了寿险行业的销售冠军。成为百万富翁的威廉经常说："一个不会笑的人，永远无法体会人生的美妙。"

销售人员一定要记住，真诚动人的微笑会令客户备感亲切，难以忘怀，使客户心里觉得像喝了蜜一样甜美。如果销售人员展露的笑容缺乏自然感和亲切感，那就要像威廉·怀拉那样，每天抽空对着镜子勤加练习。

作为一名销售员，你不需要把聪明挂在脸上，但时刻不要忘记把微笑挂在脸上。对于致力于与客户沟通的销售员来说，将微笑挂在脸上是十分重要的。

微笑是人和人交往最通用的语言，在销售员和客户的交往过程中，微笑起着重要的沟通作用。

和客户第一次接触时，脸上有灿烂的微笑，往往能够让客户放松戒备。没有什么人会拒绝笑脸迎人的销售员，相反人们只会拒绝满脸阴沉、显得十分专业的销售员。

在处理客户异议的时候，脸上同样要挂着微笑。因为此刻的微笑代表销售员的自信，自信有能力圆满地解决问题，自信能够让客户满意。

当对客户要求表示拒绝时，脸上同样要有微笑。此刻的微笑表示销售员很认同客户的观点，但是确实无能为力，还希望客户能够体谅。

当达成交易与客户道别时，脸上也要带着微笑。此刻的微笑表示，销售员十分感谢客户的购买，对商谈的结果十分满意。

当未达成交易和客户道别时，销售员脸上理所当然地也要有微笑。此刻的微笑表示虽然没有达成交易有些遗憾，但友谊已经建立，以后肯定还有合作的机会。

一张小名片，足以毁业绩

名片虽然只是一张小小的卡片，但却是现代社会中人与人交往的重要社交工具，因而围绕着名片也就产生了一些名片礼仪。销售员每天要与许多人打交道、交换名片，因此对“名片礼仪”就更要重视，千万不要因为小小的名片而误了大事。

乔·吉拉德是世界汽车销售冠军，在他还未成名前，他曾做过某公司的采购部经理。有一次，他负责采购一批金额约 300 万元的办公设备。本来他已经决定向 S 公司购买了。一天，S 公司的销售负责人打来电话，说要来拜访他。他心想，对方来时就可以在订单上盖章了。不料对方提前来访，原来是因为对方打听到其公司的子公司打算要更新办公设备，希望子公司需要的各种设备也能向 S 公司购买，所以 S 公司的销售负责人带着一大堆资料，摆满了桌子。当时，吉拉德正有事，于是便让秘书请对方稍等一下，对方等了一会儿，不耐烦地收起资料说：“您先忙吧，我改天再来打扰！”也许对方认为他没有决定权吧。

这时，乔·吉拉德突然回来，发现对方在收拾资料准备离去时不小心把他的名片丢在了地上，而且上面还留下了非常清楚的脚印。不仅如此，那位销售负责人捡起了他的名片后，随手就塞到了裤袋里。这种失误等于是亵渎他的尊严。于是，他一气之下，便向别的厂家购买了办公设备。

由此可见，不注重名片礼仪，甚至会毁掉一桩生意。因此，一个优秀的销售员必须重视名片，并学会恰当使用。

1. 递出名片时要恭敬礼貌

递送名片时，应该以审慎的态度，恭敬礼貌地递给对方。

在递出名片时，销售员切忌采用如下方法：捏住名片的一部分递出去；以指尖夹着名片递出。这两种递法容易将尖利的地方朝向对方，是极不符合礼节的。正确的递法应是：手指并拢，将名片放在掌上，用大拇指夹住名片左右两端，恭敬地送到对方胸前；或食指弯曲与大拇指夹住名片左右两端奉上。名片上的名字反向对己，使客户能够清楚地念出自己的名字，并且要走到使对方容易接到的距离递送上去，这才是递送名片的最基本礼貌。

同样，拿出名片时，请不要忘记脸上带着微笑，并且不要慢慢吞吞、拖拖拉拉，因为如此会让对方有拖延的感觉，甚至对你的销售工作产生排斥感。

2. 出示名片时不可随便

出示名片时应严肃认真，不能采取随随便便的态度。初次交往时客户会凭销售员出示名片时的态度来衡量其人品，判断其是否值得交往。外出时，销售员应事先将名片放在易于取出的地方，在适当时机顺手掏出，恭敬地递给对方，并客气地说："这是我的名片，请以后多多关照。"这必然会给对方留下一个较好的印象。

3. 接受名片时要有礼貌

客户回赠名片时你同样要双手接回名片。接过他人的名片，首先要看，这一点至关重要。而且最好轻声念出持片人的姓名或职务，以示尊重对方。切不可接过对方名片置于一旁，或放在手中玩弄，或随意装入口袋，或交给身旁的他人，也不可将它放置于下身裤袋里，更不可将名片遗失在桌上或地上。对这些细节如果不注意，很可能让你失去与这个客户做生意的机会。要知道名片是一种"自我延伸"，在某种意义上讲它是客户的化身。对名片的不敬和轻视，就是对客户本人的蔑视。

如果自己给多人递交名片时，对方当场将自己的名片递了过来，应立即停止对他人名片的递交，处理好对方递交的名片后，再继续递交名片，不要左右开弓。

4. 妥善保存好对方的名片

保存名片时，必须把别人和自己的名片分开来放，因为如果错把别人的名片递送给对方，将是一件非常失礼的事情，而且也会造成尴尬的场面。

有些销售员喜欢把名片放在西裤的后口袋里，这样固然很方便，但会给人一种不尊重对方的感觉，所以名片还是放在西装上衣口袋比较好。

名片的使用方法可以促成生意，也可以毁掉生意。因此，销售人员一定要熟练掌握名片礼仪，这也是做一名合格销售员必须掌握的基本功。

第二章
开发客户，在有鱼的地方钓鱼

客户就是我们的衣食父母，对于销售新人来说，最难办的问题就是怎样找到有效客户。只有找到了有效客户，你的业绩才能节节攀升，因此，你必须充分重视客户、了解客户，了解客户的需求，并不断培养自己开发客户和维护客户的本领和技能。

不要与你的客户擦肩而过

客户在哪里呢？其实回答这个问题并不难，用销售行业里的一句名言作答就是：客户就在你身边。

作为销售新人，或许你会不以为然地发怨气道：“你说得倒是简单，要是那样的话，每个销售员每一天都有骄人的业绩了。”如果这样认为，你就错了。客户就在你身边，这是给所有销售员指出的一条发掘客源的光明大道。不要以为擦肩而过的都是与你无关的行人过客，其实他们都是你潜在的客户。

销售新人应当养成随时开拓潜在客户的习惯，因为任何人都可能成为你的客户。许多销售新人甚至老销售员在寻找客户时，总是费尽心机，吃尽苦头。造成这种局面，多半是销售员们思想上出现了问题。实际上，只要你勇敢地主动出击就会发现，你的客户市场是无限广阔的。

作为销售新人，如果从事柜台销售，那就只能坐等客户上门，但若从事的是销售工作，就必须主动地去开发市场。销售新人不要因外表形象及业务素质等条件不够优越而产生消极心理，只要有足够的客户拜访量，一定可以取得可喜的业绩。从相反的角度来讲，销售新人如果不敢大胆地去拜访客户，那么他即使具备极高的素质、完美的形象，也不可能销售出一件商品。因此，销售新人一定要勇于寻找和拜访客户。

销售新人寻找客户，通常可以从两方面着手，一是企业，二是个人。

开拓企业方面的市场，必须先掌握与企业相关的信息，这些信息可以通过企业内部刊物搜集到，而其他行号名册、内部报纸、分类广告等也往往是市场信息来源。此外，销售新人还需要进一步打开思路，扩大搜寻区域，通过市场调查和走访来发掘客户。

至于个人市场的开发，根据销售员个人的喜好可能会有所差异，但搜集个人信息的一些途径还是大同小异的，即通过毕业生名册、同学录、同乡会名册、教职员通讯录，以及其他正式、非正式的名单来了解他们的情况，进而打开销售局面。

找到客户尚不足喜，由于客户是经常变化的，因此要不断更新和补充新的客源，在已有的客户中挖掘新客户，这是销售员能够持续拥有客户的基本前提。

关于搜寻和利用信息，行内总结出许多方法，在这里我们称之为新市场开发法。事实上，新市场的开发并没有想象中那样困难，只要稍微动点脑筋，多方寻找新的客户，你就能开拓出自己的市场。从市场调查走访中寻找潜在客户，是在更大的区域和更广阔的视野内实现销售战略的秘诀。这样的搜寻不仅增加了销售机会，而且对维持一个稳定的销售量起着至关重要的作用。

也就是说，客户到处都有，关键是看你如何去寻找。

有些聪明的销售员，在搭公交车时向前座的乘客销售，有的向出租车司机销售，有的到商店里拜访……有的销售员更加高明，到商店销售时，见店里生意太好忙不过来，便充当店员帮忙招呼客人，几次下来不但赢得了老板的感激，也为自己赢得了高额订单。这些都是销售员发掘客户的好办法。销售新人应从中受到启示，积极开拓自己的客户市场。

不论在何时何地，销售新人都要有一种必胜的信念，万万不可自我设限，总是想着“我这种产品只卖给有钱人”“郊区的客户可能很少……”这样下去，销售之路只能愈走愈窄，销售额自然愈来愈差。

随时准备着抓鱼的网

销售工作其实就是一种交际工作，作为一名销售员，只有扩大交际范围，与不同的人接触，广结“关系网”，这样才能把销售工作做好。此外，你要明白，销售员没有一定的上班时间限制，因此你可以随时随地地拉关系、结善缘。

琳达·迈尔斯开了一个咨询公司。她相信和客户维持良好关系是很重要的，所以她常利用在飞机上的时间写一些附有祝福语的短签给他们。她说：“我已经养成这样的习惯了。”一位同机的旅客在等候提领行李时对她说：“我在飞机上注意到您，在2个多小时的旅行里，您一直在写短签，我敢说您的老板一定以您为荣。”

迈尔斯回答道：“我就是老板。”

科利特·奥布莱恩的旅行社有许多外国客户，所以就连她坐飞机时都带着一卷传真信息，等飞机降落后，奥布莱恩便会去商业中心把信息传送给她的客户。她说传真信息可以横跨时区，所以特别有效。客户一打开传真机，就能看到她发来的信息。

不管你多有效率，总是有人会让你等待：你可能错过公车、地铁、飞机，碰上出其不意的中途休息；你也许已经尽可能是小心计划每一件事，但是你可能意外地被困在机场，平白多了三个小时可以用。高成就者说他们在这种情况下所做的事是：“我带本书；我写东西；我修改报告；我检查我的语音邮件、打电话；我尽可能多地认识一些人。”

即使每天单程上班只要 30 分钟，几年下来的总数也相当惊人。假如你从未计算过总数，也许你会对这个结果大吃一惊：如果你一周上班五天，每天单程 30 分钟，50 个星期总共花在上班路上的时间是 250 小时，等于每年花上超过六个星期、每天 8 小时的工作时间。多么可怕的事情呀！整整六个星期的时间就这么浪费掉了！

其实，在乘车时，一路到底都看书或睡觉的邻座并不多，总可以找个机会打开话匣子。一旦搭上话题，不但有开怀解闷之效，还可以消除疲劳。运气好的话说不定还可以获得一个客户，至少多了解一个人也可多一些生活经验。

美国人寿保险创始人弗兰克·贝特格在他的《从失败到成功的销售经验》一书中这样写道：“即使看见成群结队的鱼游来，但若无准备也将望洋兴叹。若想有所收获，必须随时准备着抓鱼的网。而捕捉人生中成功的机会也和抓鱼完全相同。”

若与邻座谈不来，你可倾听别人在谈什么。偷听谈话虽不光明，但只要不是心怀不轨，也不是什么了不起的罪过，因为他们是在公共场所高谈阔论，销售员只要是“听者有意”，是可以获得有用的信息。

能否成为一个出色的销售员，其实取决于你自己，如果你能够广结善缘，积极地拉关系，那么就会建立属于自己的“关系网”，这样成功也就指日可待了。

建立一个详尽的客户名单

对于一名销售员来说，建立属于自己的客户群是至关重要的。因此你必须对自己的客户有最详尽的了解，管理好你的客户名单。那么销售员应该做好哪些工作呢？

1．建立自己的客户信息

有一位名叫一川太郎的销售员极受客户的喜爱。他是汽车销售员，每天早上开完早会后，他就向课长详细地报告当日行程，然后马上展开挨家的访问。他的早课是中午以前会见10名用户，询问产品使用后的情况怎样，有时也会亲自调整汽车的零件、检查汽车机油是否无误，等等。据说，他的客户都对这种关心表示了好感。特别是女性用户，更是欣赏之至。

一川太郎最厉害的招数是若无其事地推动新客户进入自己的销售网中。“太太，上次您提到过一些朋友，目前情况怎样？希望有机会帮我美言几句。”对一川太郎来说，售后访问变成了发现准客户，而当前的客户，便成了最有力的情报源。大道理是一样的，具体方法还要靠自己去搜求。

有力的情报源该如何建立？情报源的选取又该依照什么标准？一川太郎曾一一列举：第一，过去销售成功的客户，最适合担任情报源；第二，居于情报往来最频繁的地区，如商店老板，都是理想的情报源人选。听说一川太郎对这些老板非常亲切，他们也乐于将情报提供给一川太郎。其他角落其实也存在着客户信息源，像左邻右舍、街道干部、托儿所的保姆以及街头巷尾的老太太们，也都是有份量的客户信息源。这些人在地区上都具有发言权，甚至还能影响当地舆论，因此要拉拢他们，成为自己销售的伙伴。

在公司方面，一川太郎是以私人关系建立人缘的。首先，他会找同校毕业的校友为他铺路；其次，再与同乡会的人搭上关系，有劳他们在各公司宣传。另外，朋友聚会与其他种种餐会，也是攻略要地，只是彼此陌生，必须随时顾及对方感受，且不要忘记说声“请多关照”。

一川太郎的客户信息源中，不乏社会上的名流之士，也有不少是各界重量级人物。在与这些人联络感情时，绝不能出现笨拙的小动作，毕竟他们都深具洞察力的眼光，一旦被他们看不起，就没有回旋的可能了。因此要以大方、诚恳的态度去面对他们。

总之，客户信息源是建立在人与人之间的交往中的，人际关系网像蜘蛛网一般，要好好地利用客户信息源，开疆扩土，最好是在客户生日时寄张小卡片或小礼物，随之附上一张名片。

一个销售员对于准客户的调查，不必考虑太多，也不可犹豫不决，机会稍纵即逝，因此必须立即行动，咬住不放。只有不断寻找机会的人，才能够及时把握住机会。

一位优秀的销售员能与销售融为一体，时刻都在想着怎样进行销售，从不放过任何一个机会来收集有助于进行销售工作的信息。

一个杰出的销售员，不但是一个好的调查员，还必须是一个优秀的新闻记者。他在与准客户见面之前，对准客户一定要了如指掌，以便在见面时，能够流利地述说准客户的职业、子女、家庭状况，甚至他本人的故事。由于句句真实亲切，很快就能拉近彼此的距离。

因此，在与准客户见面之前，除非把对方调查得一清二楚，否则绝不与他见面。销售成功与否与事前调查工作的好坏成正比。

与准客户见面的时候，就对方而言，是平生第一次见到你，但对你而言，已经摸清了他的底细，就像 10 年的老友了。

2. 建立准客户卡

准客户卡是销售作战的最重要资料，因此都被视之为“极机密”的档案。

原田一郎进入明治保险公司，整整工作了 30 年。

原田一郎平均每个月用 1000 张名片，30 年下来，他累积的准客户已达 2.8 万个以上。他把这些准客户依照成交的可能性，从 A 到 F 分级归类，建立了准客户卡。

“A”级是在投保边缘的准客户。这一级的准客户，只要经他奉劝，随时都可能前来投保。

一个准客户要从“F”级晋升到“A”级，虽然其中也有只见过一次面的、在原田一郎充分的事前调查工作基础上，一拍即合的，但大多数都还是历经数月或数年，一级一级爬升上来的。

“B”级是由于某种因素不能马上投保的准客户。这一级的准客户，只要稍待时日，即会晋升至“A”级。

“C”级的准客户与“A”级的相同，原来都属于随时会投保的准客户，但因健康上的关系，目前被公司拒保。

“D”级的准客户健康没问题，不过经济状况不太稳定。由于人寿保险属长期性质的契约，保费须长期缴纳，若收入不稳定，要长期支付保费就成问题了。对这类准客户，销售员可待他们的经济状况改善后再行动。

总而言之，从“A”级到“D”级的准客户的共同点是，对保险制度有充分的了解，他们也都有投保的需要和意愿。原田一郎只不过就彼此间的不同点，加以分门别类，以便于自己的分析与辨认。

原田一郎从事了50年的销售保险工作，从来不勉强准客户投保。若忽视了这一点，而用种种软硬兼施的方法，勉强准客户投保的话，将会产生许多中途解约的后遗症，这是得不偿失的。

身为保险销售员，最高兴的事莫过于准客户主动说：“喂！你来得正好，我左思右想，还是决定投保了。”

设法使准客户对商品有正确的认识之后，再诱导他们自发前来购买，这是销售员的任务。

“E”级的准客户对保险的认识还不够，销售员与准客户之间还有一段距离。这表明销售员的努力不足，还须再下功夫进行深入调查。

“F”级的准客户包括两种：第一种是在一年之内很难升等级者；第二种是仅止于调查阶段。

针对第一种“F”级准客户，销售员只能根据实际状况，再做调查，或继续拜访，以求能逐渐晋升等级。

至于第二种“F”级准客户，他们很可能富有、健康，但因为对他们还在进行调查工作，因此尚未正式访问。这些人很可能在面谈之后，立即晋升至“A”级。

上述“A”级至“F”级的准客户，不论哪一级，只要原田一郎与他们一有接触，马上将他们详细地记在准客户卡上。

如与准客户交往的情况：时间、地点、谈话内容、感想等。

如果不能见面，把原因详细记下。

将自己为准客户所做的服务工作一一记下。

自己对这次访问的意见。

原田一郎通常会根据这些准客户卡上的记录，回想当时交谈的情形、对方的反应，然后边想边反省，并做下列两件事：

检讨错误的内容，加以修正或补充；

修改自己的姿态，以便于更能接近准客户。

从准客户卡上，不但要看到准客户的全部情况，也要看出自己在这次销售中的全部记录，然后反省、检讨、修正，再拟订出下一次的销售策略。

除了上述的“A”级至“F”级的准客户之外，还有一种原田一郎自己都无法掌握其未来动向的准客户。原田一郎本打算将这些准客户归入“F”级，但因为自己的努力不够，或是他们的条件不符，致使无法把他们归类到“F”级。

原田一郎把这些无法归类的准客户整理成一堆，暂时束之高阁，等待时机。不过，每逢闲暇时刻，他会取出这些准客户卡，仔细检查，看看过去的做法是否有遗漏或疏忽之处，以便给这些卡片以新生命。

现代社会瞬息万变，而准客户的情况也随时在变。所以我们要把握住每一个变化契机，然后采取最有利的行动。

原田一郎说："我的每一张准客户卡都是有血有肉、有生命的。它经过多次的记录与检查后，已成为我的知己，陪伴我度过无数的岁月。在一张张卡片上，我看到了自己成长的足迹。"

建立一个详尽的客户名单，并给客户分类是一项很重要的工作，这样方便你了解自己的客户资源，并能牢牢地掌握住他们。

正确选择你的销售对象

在销售之前，首先要找到你的准客户，这样你才能展开销售。如果你找到的是"假"客户，那么即使你的工作做得再努力，最后也不会有结果。

美国一位房地产销售员去访问一家客户，这客户的太太对他说："我经常有100万美元左右可自由使用，我先生忙于外事，无暇顾及家事，便由我做主来购买一幢别墅。"销售员一听喜上眉头，便三番五次地到她家拜访。一次他们正在谈话，有人敲门要收购酒瓶，这位太太便搬出了一大堆空酒瓶，销售员发现这些酒瓶尽是些普通酒，不禁心中生疑，既然她这么有钱，怎么总喝普通酒呢？后来销售员碰到这家的男主人谈及买别墅时，男主人很是惊讶：“哪有这事，我做梦也不敢想去买别墅呀！”

这个销售员就没有找对客户，如果不是男主人点醒了他，那么他再跑一年销售也不会成功。

决定销售活动能否成功的因素很多，但最根本的一点，是要看销售的产品能否与客户建立起现实的关系。这种现实的关系表现为三个基本方面，即客户是否有购买力，是否有购买决策权，是否有需求。只有三要素均具备者才是你的准客户。客户资格鉴定是客户研究的关键，鉴定的目的在于发现真正的客户，避免徒劳无功的销售活动，确保销售工作做到实处。

1. 有钱

在销售中我们常常碰到这样的情形：即使客户有强烈的购买欲望，购买量也很大，但他缺乏足够的经济实力，那么客户也就缺乏现实的购买能力，他的购买行为就暂时无法实现。

一个销售员在分析客户的购买能力时，首先要从考察经济环境入手，经济环境是制约和影响客户购买能力的“大气候”，它主要是指社会生产的发展状况、经济增长的速度和人们消费水平对市场供求的影响，经济环境制约着公司的生产行为与销售员的销售行为。进一步考察经济环境因素对客户购买力的影响有：经济发展速度和产业结构，制约着公司产品供应构成及其变化趋势；国民收入分配政策，以及公众消费水准，决定市场购买的整体规模和客户购买的总体能力；市场产品的供求态势及其波动程度，以及价格指数的变动可能给销售成本带来的影响；微观市场的经济环境，包括进货、储藏、运输、销售的具体条件，在一定程度上给销售活动带来的影响程度；了解竞争同行的发展现状，以及本公司、本产品的市场占有率，以此作为制定销售方案和销售策略的依据。

其次，销售员要掌握客户购买能力的大小，还需认真分析客观消费环境。销售员面对的客观消费环境，是指影响销售活动的消费因素总和，其中主要是人的因素。客户是购买能力的主体，这里考虑的相关要素有：消费者的收入多少决定购买力大小，从而影响市场的规模和取向；人口的地理分布反映了购买的地区差别，构成互有差异的消费群体，产生不同的购买特点和消费结构；人口性别差异形成不同特色的消费对象、购买习惯和购买行为方式；客户年龄不同、职业差异所形成的消费需求和购买行为上的个性；人口数量因素决定着市场购买容量和客户购买潜力。

在分析客户的购买能力时，销售员只有确认销售对象既有购买需求又有足够的购买支付能力时，才能将其列入"准客户"的名单之中，否则，再投入多少时间与努力也是徒劳的。特别是洽谈那些批量大、价格高的产品交易事项，销售员在接触客户之前，应当对客户的自有资金数量、银行贷款规模、现有经济实力和企业信誉诸因素有所了解、有所掌握，事先对于客户有一番摸底调查。根据客户的实力情况和信誉度高低，有的采取一手交钱一手交货；有的可以实行分期分批付款；有的还可以实行赊购，进行期货交易。

2. 有需求

在国外销售界流行这样一则笑话："世上最蹩脚的销售员不外乎以下几类：向爱斯基摩人销售冰箱，向乞丐销售防盗报警器。"如果硬是把商品销售给那些既无购买需要又无购买可能的人，这样的销售员不是骗子就是愚笨到极点的傻瓜。我们既不赞成那种强加于人的摊派式倾力销售，更反对那些软磨硬泡并带有勉强性的销售方式。在客户的确不需要所销售产品的情况下，尽管有时候销售人员可以采用各种助销手法以招揽客户，甚至还能揽到为数可观的订单，但这一切最终只能损害销售信誉，贬低销售员的人格形象。作为一名优秀的销售员，在找到了潜在客户之后，必须全面了解客户的内在需求和购买动机，正确判断自己所销售的产品是否符合客户的需要，针对客户的购买需要开展不同形式的销售活动。

所谓“需求欲望”就是销售对象也就是客户是否需要你所销售的产品。有效地满足客户的需要是销售工作成功与否的关键所在。假如你销售的产品是客户根本不需要的，那么销售员无论花费多少口舌，其结果都是无功而返，枉费心机。在销售过程中，客户接受销售信息宣传，购买销售商品大致出于 10 种需要：

①习俗心理需要。销售对象因为种族、宗教信仰、文化传统和地理环境的不同，带来思想观念和消费习俗上的差异。

②便利心理需要。消费者普遍要求在购买商品时享受热情周到的服务，要求合适的购买时机与购买方式，得到携带、使用、维修及保养方面的便利。

③爱美心理需要。俗话说：爱美之心人皆有之。这句话说的便是客户追求的消费心理需求。随着社会文明的不断进步与群众生活水准的不断提高，人们的审美要求也随之水涨船高，许多客户和用户比过去任何时候都更强烈地追求美。

④好奇心理需要。许多消费者对一些造型奇特、新颖的商品，以及刚投入市场的新式产品或服务活动，会产生浓厚的兴趣，希望能够

立即购买和使用。

⑤惠顾心理需要。一些消费者因为长期的消费习惯形成了不假思索、不加选择、按经验购买自己常年使用的某种品牌的产品，或者专门认准在一个店号、一家商场购买商品。这是一种出于理智的消费心理倾向，这类客户一般不易受外界广告宣传的影响。

⑥求实心理需要。这类客户在选择厂家和购买商品时，比较注意是否经济实惠、价廉物美。特别是他们对产品价格的变化非常敏感。

⑦偏爱心理需要。在销售对象中，受自身的兴趣爱好、职业特点、文化素养、生活环境等因素影响，有部分客户对某些品牌的商品或者某些名牌店家提供的服务，存在着一种明显的需求欲望和消费偏好。

⑧从众心理需要。这是一种赶时髦、追新潮、紧跟时代潮流的心理需求。在现代社会，人们受舆论、风俗、流行时尚的引导，观念不断转变，使一般的客户在购买商品时都会迎合时尚。

⑨名牌心理需要。有不少消费者愿意接受名牌厂商的宣传销售，信任名牌商品，乐意按心目中的品牌认识选购商品。

⑩特殊心理需要。即人们希望自己在判断能力、知识层次、经济地位、价值观念等方面高于他人，独树一帜。

3. 有权力购买

在实际销售过程中，销售人员应该了解客户的组织机构运作状况，分析对方公司的领导管理机制，掌握销售对象内部主管人员与部门领导之间的权力范围和职责界限，从而把销售努力集中在对此最具购买决策权的“当事人”和“领导圈”，这样才能有效地进行销售洽谈。

在通常情况下，许多客户单位的采购决定权，并不是掌握在少数单位领导人的手里，有实际控制权力的人常常是采购部门的主管人员和办事人员。以一家百货商场为例，日常需要购进的商品种类、规格、价格、数量，以至选择哪一家供应厂商，并不是事无巨细都由总经理裁决，而大多数情况下由二级部门经理和采购人员、办事人员商量最终达成一致。若销售人员不了解这种情况，几次上门都径直找总经理联系，而没有与采购人员和部门领导人打交道，那么这样的销售是很难获得成功的。

选择销售对象是制定销售计划和确定销售策略的前提条件。随着市场经济的发展，竞争日益激烈，销售工作日趋复杂和艰难。一个公司的规模再大，产品竞争能力再强，销售方法和技巧再精明，也不可能赢得市场上所有的潜在客户，这就要求销售员必须为自己划定特定的销售对象和销售范围，满足其中一部分潜在客户的需求，根据本企业的产品特点和宣传优势，从整体市场上选择恰当的销售对象。科学地发现和选择客户，可以利用有限的时间与费用，全力说服那些购买欲望强烈、购买量大、社会影响大的“名流客户”，借以减少销售活动的盲目性，提高销售工作的成功率。

销售员走出工厂大门，面临的首要难题就是把产品销售给谁，换句话说，谁是自己的潜在客户。一位销售大师说，找到了客户，销售就成功了一半。实践证明：能否正确选择销售对象，直接决定着销售的成败。成功销售的基本法则是：向可能购买产品的人销售。劝说无购买欲望与无购买力的客户购买产品，无疑是费力不讨好，结果是事倍功半。

通过销售对象的恰当选择，销售员可以利用有限的时间、精力和费用去说服那些购买欲望强烈、购买力大的目标消费者，减少销售的盲目性，提高销售的成功率。

那么选择准客户的基本方法有哪些呢?

第一，对可能的潜在客户进行分析归类。

销售员为了提高自己的销售业绩，使自己的工作更加有的放矢，必须在众多的潜在客户名单中挑选出最有希望、最有购买可能的客户。这样做对于销售人员来说是非常重要的，否则，盲目地进行上门销售或宣传促销会造成效率低下，有时还会受到一些客户的抵触。根据欧洲著名销售家戈德曼尔的调查研究，一个销售员若事先对潜在客户进行合理的分析归类，可以使销售活动的效果提高30%。

在销售过程中，对潜在的客户和用户的分析归类应建立在调查研究的基础上。依据销售人员掌握的市场信息，通常可以将潜在客户分为三类：第一类是有明显的购买意图，而且有购买能力的潜在客户；第二类是有购买动机与购买需求，最终会购买的潜在客户；第三类则是对于是否购买尚有疑问的潜在客户。经过分类归纳，销售人员应把自己的工作重点放在第一类和第二类潜在客户身上。

第二，对已有客户进行深入分析，从中确定灵活的销售策略和可行的销售方法。

这项工作需要销售人员对现在已有业务往来的客户进行全面分析，深入考察，研究为什么有些商品受到客户的欢迎，购买这些商品的客户属于哪个层次的社会人士，他们的收入水平和购买能力怎样，购买方式和特点又是怎样。在研究得出这些资料与数据之后，销售人员便可发现潜在客户的购买需求和购买动机，从而找出成功交易的办法。

向老客户销售产品并不困难，原因是销售双方已经确立了稳定的往来关系，彼此有了一定的信赖感，现在的难点是如何深入老客户的背后，通过他们找到新的客户。乔·吉拉德在他的自传中写道：每一

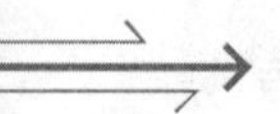

个客户背后都有 250 位你的可能客户，你得罪他一个人也就如同得罪了 250 位客户。反之，若你能发挥你的才智吸引一个现有的客户，也就获得了 250 个客人。通常说来，主顾之间的互相交往和联系，总是以某种共同的利益需求和共同的兴趣爱好为纽带的。有时，某一交际圈内的所有成员可能都具有某种共同的购买需求与消费动机，对销售工作来说可能是一大类客户。以电子计算机产品的销售为例，当你了解到现有的一个用户是一家总厂，而它的分厂或协作企业如果准备从别的计算机公司进货，那么在同这家客户洽谈交易时，不妨问对方一句："你是否知道还有谁需要这类产品？"短短一句话，很可能为销售名录上增加一个新客户。所以，掌握和了解每一个现有客户的背景情况是非常重要的，它会随时给你带来销售机会，招来更多的上门客户。

与每一位客户都要搞好关系

销售是一种影响他人的工作，因此，你就应当格外看重人际关系，如果你跟一个客户建立了良好的关系，那么你就可以通过他再去影响别的客户。成功的销售员，常常拥有庞大的客户关系网。

你知道每个人平均认识多少人吗？250 个人！也许你不相信，那就让我们来看看它的由来吧！

乔·吉拉德从事销售不久，有一天他去殡仪馆，哀悼他的一位朋友谢世的母亲。他拿着殡仪馆分发的弥撒卡，突然想到了一个问题：他们怎么知道要印多少张卡片，于是，吉拉德便向做弥撒的主持人打听。主持人告诉他，他们根据每次签名簿上签字的人数得知，平均来这里祭奠一位死者的人数大约是 250 人。

不久以后，有一位殡仪业主向吉拉德购买了一辆汽车。成交后，吉拉德问他一般参加葬礼的平均人数是多少，业主回答说："差不多是 250 人。"又有一天，吉拉德和太太去参加一位朋友家人的婚礼，婚礼是在一个礼堂举行的。当碰到礼堂的主人时，吉拉德又向他打听每次婚礼有多少客人，那人告诉他："新娘方面大概有 250 人，新郎方面大概也有 250 人。"这一连串的 250 人，使吉拉德悟出了这样一个道理：每一个人都有许许多多的熟人、朋友、同事，甚至远远超过了 250 人这一数字。事实上，250 只不过是一个平均数。

因此，对于销售员来说，如果你得罪了一位顾客，也就得罪了另外 250 位顾客；如果你赶走一位买主，就会失去另外 250 位买主；只要你让一位消费者难堪，就会有 250 位消费者在背后使你为难；只要你不喜欢一个人，就会有 250 个人讨厌你。

由此，吉拉德得出结论：在任何情况下，都不要得罪哪怕是一个顾客。而与一位顾客搞好了关系，你就拥有了一大批潜在顾客。

在吉拉德的销售生涯中，他每天都将"250 定律"牢记在心，抱定生意至上的态度，时刻控制着自己的情绪，不因顾客的刁难，或是不喜欢对方，或是自己情绪不佳等原因而怠慢顾客。吉拉德说得好："如果赶走一位顾客，就等于赶走了潜在的 250 位顾客。"

这就是说，人与人之间的联络是以一种几何级数来扩张的。无论是善于交际的人，还是内向木讷之人，其周围都会有一群人，这群人大约250个。而对于销售员来说，这250人正是你的客户网的基础，是优秀的销售员的财富。

建立良好的客户关系网络，与客户交往的过程中以诚相待，同客户交朋友，分担他们的忧愁，分享他们的喜悦。他们可能会向你介绍他的朋友、他的客户，这样，你的客户队伍将不断扩大。

同时，当你在和他们谈你工作上的困难时，他们很可能会主动地帮助你，介绍新的客户给你认识或者帮你直接把生意做成。

另外，销售员应当尽量选择那些具有影响力的人物去"攻坚"，这样效果更好。比如医疗器械销售员可取得医生的信任和合作，他们是病人的中心人物；司机、教师分别是乘客、学生的中心人物；社会名流是崇拜者的中心人物等。中心人物在一定的范围内有较大的影响力和带动性，有着广泛的联系和较强的交际能力，信息灵通。因此，销售员应多交些朋友，这些朋友在很多时候会给你带来意想不到的帮助。

与每一位客户都要搞好关系，如果你得罪了一位客户，那就等于失去了250个潜在的客户，优秀的销售员是绝对不会让自己犯这样的错误的。

要善于“利用”老客户

一些平庸的销售员每天都忙于开发新客户，但他们的业绩却没有好到哪里去；一些优秀的销售员并没有那样“勤劳”地开发新客户，但他们却好像有做不完的生意。这是因为一般的销售员忽略了他们的老客户，他们不知道，老客户其实是一笔宝贵的资源，是一座金矿。

老客户已购买过销售员的产品，他们认识销售员，并且彼此之间建立了信任和友好的关系，所以，销售员不一定要去开发新客户，做好老客户的生意，也是一种有效的办法，优秀的销售员正是常常如此。

1. 老客户新契机

人们都喜欢购买新商品，你的热心会带动购买欲，勾起他们对新产品的期待。

2. 推荐销售附加商品或服务

你们公司也许销售各种不同的商品且提供不同的服务，但是客户很少会对你所从事的行业有全盘的了解。有时客户会说：“哦，我不知道你也有那种东西。”当听见客户这么说的时候，就是销售员的失职。

3. 与客户一起用餐

如果你能把客户带离办公的环境，你就能发掘更多销售的机会

(并请他带一位要转介绍给你的人一起前来)。

4. 让客户帮助介绍新客户

这是一张记录着你的商品或服务表现的成绩单，也是一张能力的评鉴书，记录着你是不是有足够的能力获取消费者的信任，让他们把你介绍给他的朋友。

不管你的销售是否成功，你必须继续出现在客户面前培养关系，做好亲善工作。

如果你无法说服现有客户为你进行转介绍，或是用“可以销售给他们的东西我都卖过了”诸如此类不成理由的理由来搪塞，这意味着：

①你无法与客户建立良好互信的关系。

②你的销售后追踪服务可能做得不够好。

③你的客户有了一些问题，而你却不愿意去主动面对他的问题。

④你需要更多的训练。

⑤大多数销售人员以为，打电话给客户除了销售之外，都是在浪费时间，没有比这更荒谬的想法了！

那些有办法与一个接一个的准客户完成交易的销售人员，总是让人赞叹不已。用心且诚实地审视你的客户名单，那儿还有数以百计的机会在等着你。

建立人脉关系的最基本的原则就是：不要与老客户失去联络。不要等到需要获得别人帮助时才想到别人。人脉就像一把刀，常磨才不会生锈。有时候，三个月以上不与一位老客户联系，就有可能失去这位客户。

优秀的销售员深知主动与客户联系十分重要，他们几乎都有一个相同的习惯，就是每天打 5 ~ 10 个电话，这样不但能扩大自己的交际范围，还能维系旧情谊。如果一天打通 10 个电话，一周就有 50 个，一个月下来，便可达到 200 个。这样一来，你的人际网络每个月大概都可以多十几个“有力人士”来为你打通关节。

作为一名销售员，要善于利用已有的人际关系，不断加深与老客户的情谊，你会发现这对你的销售工作大有帮助。

借助第三方不断扩展客户圈

为了更好地联络客户、抓住客户，我们不妨试着打造一个“客户俱乐部”。就是说把我们所有的客户都紧密地联系起来，并通过第三者的介绍，结识更多的客户。

麦克是纽约联合保险公司的一名顶尖级销售员，他在从事这一行业的时候，就十分注意利用这种与客户的信任关系以及信任转移。

他刚到公司的时候，做的第一件事和大多数人一样，是挨家挨户地陌生拜访。每天一早，他就带着一些宣传单，挨街地发放、拜访。而他不是被关在门外，就是被当面拒绝。那时候，他并不了解人们为什么这么讨厌销售员登门，但他也没有就此退缩。后来，他干脆就把陌生拜访当成是自我锻炼的机会，每次都先做个深呼吸，然后才去敲门。

在拜访的同时，麦克也做一些市场调查来了解人们对保险的认识。他遵照将拜访式销售作为商品销售的原点，从最基本的市场调查开始的原则，从住家到店铺，甚至从学校到警察局，他几乎跑遍了全纽约。后来，他决定从一个行业开始入手，他发现医院是一个很好的市场。于是，他开始扩充自己各方面的知识，以便同医生们建立共同的话题。

麦克开始依照地图，去拜访纽约大大小小的医院和诊所。有一天，他正要去地铁站赶车，发现地铁站对面正好有一家医院，于是就向这家医院走去，刚到门口，就撞见一名穿白大褂的医生，麦克一时有些反应不过来，就劈头盖脸地直接对他说自己是联合保险公司职员麦克，希望医生能投保。

医生一看他，就笑了起来，因为一看麦克就是刚刚从事保险销售，没什么经验。他觉得这个年轻人很有意思，就请他进办公室聊聊。进了办公室，麦克就十分急切地将他平日里所了解到的保险知识全盘托出，还说他已经拜访了一整天了。

医生听过之后很喜欢麦克，也知道他是个销售新手，就对他说出了心里话。他说保险实在很高深，他已经投了五六份保险了，每次销售员都说得天花乱坠，但事后就一问三不知。医生还拿了自己的两份保单给麦克看，给他当作学习的材料，拿回去评估。

麦克拿了保单，充当了医生的家人，分别拜访了医生投保的两家公司，以确认保单内容。

然后他详细地做了笔记，图文并茂，并标记了重点。几天以后，麦克再次去拜访那位医生，医生和他的会计师看后都极力称赞他这份评估做得好。医生就正式请麦克重新为他设计现有的几份保单。于是，麦克就根据医生的要求做了调整，医生十分满意，还与他签下了一份

3000美元的保单。

后来，这位医生又把麦克介绍给了其他的医生。他们也都让麦克为他们现有的保单进行评估，并与麦克签下了数额不等的保单。通过这样的层层介绍，麦克从一个医师团体被介绍到另一个医师团体，他终于在公司职员中成为了医师客户占有率最高的销售员。

麦克在进入公司的第二年，就顺利地成了销售冠军。接着，他又开始拓展其他行业中的业务量，建立了很大的一张客户网。

有人脉才有钱赚，不断运用过去的人脉扩大现有的市场，同时努力建立良好的关系，客户会用“回馈一张大的保单”的方式来回报你的。

可见，通过第三者的介绍是一条寻找客户的捷径。第三者介绍的主要方式是信函介绍、电话介绍、当面介绍等。接近时，我们只须交给客户一张便条、一封信、一张介绍卡或一张介绍人名片，或者只要介绍人的一句话或一个电话，便可以轻松地接近客户。

当然，介绍人与客户之间的关系越密切，介绍的作用就越大，我们也就越容易达到接近客户的目的。介绍人向客户推荐的方式和内容，对接近客户甚至商品成交都有直接的影响。因此，我们应该设法与客户搞好关系，尽量争取有关人士的介绍和推荐。但是，我们还必须尊重有关人士的意愿，切不可勉为其难，更不能欺世盗名，招摇撞骗。

当然，第三者介绍接近法也有一些局限性。由于第三者介绍，我们很快来到客户身边，第一次见面就成了熟人，客户几乎无法拒绝我们的接近。这种接近法是比较省力和容易奏效的，但绝不可滥用。因为客户出于人情难却而接见你，并不一定真正对你销售的产品感兴趣，甚至完全不予以注意，只是表面应付而已。另外，对于某一位特定的客户来说，第三者介绍法只能使用一次。如果我们希望再次接近同一位客户，就必须充分发挥自己的接近能力。

也就是说，我们要想成为卓越的销售员，你必须随时考虑各种策略，不断努力。如果你的表现让你的客户觉得你很有敬业精神，可能会产生这样的效果：即便你不积极地去争取，客户也会自动上门。能够做到这一点的绝对是一个顶尖的销售员。

如果你的老客户对你抱有好感，就会为你带来新的客户。他会介绍自己的朋友来找你。但是这一切的前提是你用自己的魅力确确实实感染了他。而且你们之间有一种信任的关系，也许是那种由于多次合作而产生的信任关系，但不一定是朋友的关系。因为总是有一些人把工作和生活分得很清楚。其实，只要你让你的老客户对你产生了如此的好感，他会对他的朋友介绍说："我经常和某个销售员合作。他很亲切而且周到，我对他很有好感。"既然是朋友的推荐，那位先生一定会说："这样啊，那我也去试试看。"这对销售员来说，就等于是别人为你开了财路。

所以基于这种想法，你平时要不断地设法拓展自己的客户群体。当然，去争取新的客户固然很重要，但是留住老客户更加重要。只要能好好地维系和每一位老客户的关系，建立一个和谐的"客户俱乐部"，你或许能因此而增加更多新的客户。相反地，失去了一位老客户，则可能使你失去许多新客户上门的机会，绝对不能做得了芝麻丢了西瓜的傻事。

那么，如何建立这样一个客户群体，并使客户介绍朋友给你呢？

1. 组织团队活动

可利用一些时间，将所有的客户集合组织起来，举办一些参观名胜古迹、搭车游览、聚餐、听演讲等活动，借此机会，还可以出动公司里的高级干部和客户联络感情。而客户方面，大家虽然未碰过面，但既处于和该公司如此亲密的关系之下，彼此之间就较容易沟通。如果有的客户相互之间已经认识，你这样使他们又聚在一起，他们也会很高兴。这样，将有助于客户对公司形象的塑造，使公司形象成为他们津津乐道的事，从而吸引更多的客户。

当然，还可重复举办这种集体化的活动，甚至，可借此成立某某会、某某团，使客户成为该团的成员，公司则以贵宾之礼相待之。

但需要注意的是，要选出一些重要的客户，引进贵宾服务的项目。客户们受到了特殊礼遇，就会产生感激的心理，从而更忠实于你，甚至帮你去开发新客户。

2. 与客户建立朋友关系

“朋友好说话。”如果我们与客户成了知心朋友，那么他将会对你无所顾忌地高谈阔论。这种高谈阔论中，有他的失意、有他的失落，同时也有他的喜悦，这时你都应当和他一起分享。他可能会和你一起谈他的朋友、他的客户，甚至让你去找他们或者帮你电话预约，这样你将又有新的客户出现。

同时，当你在和他谈不高兴的事时，特别是工作上的困难时，他很可能会主动地帮助你，介绍新的客户给你认识或者帮你直接把生意做成，使之成为你永久性的客户。

3. “客户俱乐部”成员要及时更新

客户俱乐部成员是经常变化的，所以必须不断更新，使这一“俱乐部”始终保持一定的活力，这就需要我们做出合理的取舍。

在做合理取舍的同时，我们必须不断地补充更加新鲜的血液，在

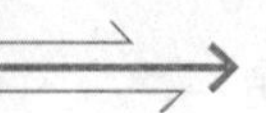

已有的客户中挖掘客户，在挖掘出的客户中再挖掘客户，这是所有保险销售高手都擅长做的，同时也是其感受最深的。在这一过程中，你必须要善于抓住有挖掘潜力的客户，要善于抓住客户中的权威者。

维系好客户关系对一个销售员来说是非常重要的，如果你能建立起一个“客户俱乐部”，并能使它良好运作，你就会发现自己业绩的不断攀升。

大家需要注意，有些客户讨厌这种接近方式，他们不愿意别人利用自己的友谊和感情做交易，如果我们贸然使用此法，会弄巧成拙，不好下台，一旦惹恼了客户，再好的生意也有可能告吹。

第三章 约见与拜访不容有失

约见与拜访并不比其他任何形式的销售活动更有噱头。它只是针对具有战略意义的重要人物及未来客户，高度地扩展渗透力的一种方式。它几乎能在一夕之间将你推送到销售新贵的位置上，而且并不需要很高的成本，如果你做得足够完美，它甚至可以没有任何成本。

电话约见的细节与技巧

电话约见速度快并且灵活方便，是约见客户的主要方式。它使销售员免受奔波之苦，又使客户免受突然来访的干扰，几分钟之内双方可就约见事宜达成一致。但销售员在运用电话约见时，要讲求技巧，谈话要简明、精炼、语调平稳，用词贴切，心平气和，好言相待，特别是客户不愿接见时不可强求。

电话约见成功的关键是销售员必须懂得打电话的技巧，让对方认为确实有必要会见你。由于客户与销售员之间缺乏相互了解，电话约见也最容易引起客户的猜忌、怀疑，因此销售员必须熟悉电话约见的原则，掌握电话约见的正确方法。

譬如，下列两位销售员在电话约见某电子厂A厂长时，由于销售员表达方式和用语的差异，其效果也大不相同。

甲销售员问话：A厂长，我什么时间去拜访你为好呢?

乙销售员问话：A厂长，我在星期三下午拜访您，还是星期四上午来呢?

很明显，甲销售员完全处于被动地位，用语模棱两可，对方可以随时推辞或加以回避。而乙销售员的问话则恰恰相反，他对对方约见的时间主动确定，提出具体方案，好像早已料到对方一定会有时间安排会见。如果约见对方一时反应不及，便只好听从销售员的约见方案安排，让A厂长在他提出的两个时间上，做出“两选一”的择优决定，而无推诿回避的机会。乙销售员在电话中那句“在星期三下午还是星期四上午”的问话，很明显要比甲销售员那句“那你看什么时候”的说法效果好得多。

常见的电话约见方式有：

1. 直接进入主题法

下面一段问答式的谈话是一位最优秀的销售员介绍的，他的答案会使我们大受启迪。

问：“您怎样开始？”

答：“如果这位准客户是伊莲。她的秘书一接起电话，你就说：‘请转伊莲女士，我是×××（你的名字）。’自信地说完这番话，不要用疑问句。”

问：“这是什么意思呢？”

答：“那么，让我们假定您说：‘伊莲女士在吗？’第一，您暗示您并不知道她是否在办公室；第二，事实上，您并未要求和伊莲女士通话，您只是问她是否在那儿。这是完全不同的两句话。如果您知道她在那儿，您还是得要求和她通话，结果您又回到了最初的起点。而且这个问题很容易招来一个保护性的‘不在’的回答，然后可能是彻底地被拒绝。”

问：“您有什么建议吗？”

答：“有一种做法对我很有用，就是在打电话前，我会把史密斯女士想象成我的一位朋友。我们都清楚，只有笨蛋才会认为朋友的秘书或助手会不接通自己打给朋友的电话。因此，我会说：‘请转伊莲女士，我是 ××× （名字）。’十有八九，她会在一秒钟后拿起听筒。”

问：“为什么不只说‘请转伊莲女士’呢？”

答：“您可以试试，很快您会发现一些问题。我报上姓名的原因，是因为绝大多数秘书会询问是谁打来的电话，您还是得回答她们。而且，通常接着还会问第二个问题：‘哪一家公司？’如果你说出了公司的名称，秘书也通常接着问你们公司的业务。”

问：“您是说您从来不会陷进这种处境？”

答：“别误会，我说的是大部分情况下会出现的情况。”

问：“您怎么处理大部分情况以外的情况呢？”

答：“您所能做的最糟的事情就是躲躲闪闪。最好的问答是：‘是 ×× （公司的名字），她在吗？’您可以看出这位伊莲的秘书有 3 个选择：接通你的电话，告诉您她确实不在，或者了解更多的情况，如果她很忙，大部分情况下都很忙，最简单的事情就是把您的电话转进去。”

问：“这就完了吗？”

答：“不，很多时候，秘书会问您希望和伊莲女士谈一些什么事情。吞吞吐吐的回答只会把这次销售扼杀在摇篮之中，因为您在那儿吭哧的时候，秘书小姐已经在考虑如何才能尽快摆脱您。”

问：“那怎么办呢？”

答：“我会尽力躲过这个问题，并再一次提出约见要求，我会说：‘您是她的秘书吗？我打电话来是希望安排一次与她的约见。是您来安排她的所有的约会呢，还是我直接和她联系？'”

问：“不过，如果这位秘书仍坚持让您回答呢？”

答：“用最简短、最直接的方式回答这位秘书。向她保证您的电话只占用很短的时间。然后马上转开话题，要求和您的准客户通话。”

问：“让我们假设这位秘书坚持说伊莲女士太忙了，所以没有时间与您见面，并试图让您和其他人谈谈……”

答：“对付这种局面的最好办法就是告诉这位秘书你能理解伊莲女士的时间十分珍贵，您也十分高兴能和她的助手谈话，不过前提是这个人有批准购买的权力。如果您必须见到伊莲，那么最好的做法就是先撤退。在这种情况下，我会说：‘在我和伊莲女士沟通之后，我会很高兴能和她的助手交谈。我并不是一定要在今天见到她。您建议我什么时候再打电话呢’？”

问：“那么，那时候您就会得到和伊莲女士说话的机会了？”

答：“一般是这样……”

2. 关心有加法

“经理先生，我是阳光电器公司的销售员温克，您上月 10 日寄来的用户调查表已经收到，非常感谢您的大力支持。目前我公司新推出系列家电产品，质量和效果都比过去产品有较大的改进，售价也比同类厂家产品低一些，因此想尽早介绍给贵单位试用。”从这段通话中可以得知，销售员与客户代表已经认识，并且有了一段时间的交往，因此销售员可以直接在电话中向对方报上自己的公司名字，立即进入谈话主题。在上述电话约见方法中，销售员温克利用自己与客户代表的熟识关系，借感谢对方大力协助之机，推广新投产的产品并要求对方约见，层层推进，极为顺理成章。销售员以客户利益为基准，使自己的促销宣传符合对方的需求，这种对客户的关心自然会得到客户的感激与回报，从内心乐意接受销售员的约见要求，欢迎销售员的上门造访。

3. 问题明了法

请看下面这段电话预约："史密斯小姐，我是纽约钟表制造公司的销售员，今天冒昧打搅，想向您介绍我公司最近研制成功的一种考勤打卡钟，它的特点是准确、精巧，特别是质量可靠，在纽约试销时返修率不到万分之一。价格也比进口的同类产品低30%，很适合像您这样的商业企业使用。我打算明天上午10时或下午4时去贵公司拜访您，好吗？"这位销售员说理充分，问话符合"两选一"的约见原则，又给对方考虑的余地。对方接到这类电话预约，问题明了，要求约见的理由充分，通常是会同意与销售员直接面谈的。

4. 资料跟进法

许多公司常常只将有关产品的宣传资料或广告信函邮寄给客户就万事大吉了，而忽视了更为重要的下一步，即"跟进销售"，因此常常就像大海捞针，收效甚微。不少客户在收到销售厂商的函件资料之后，可能会把它冷落一旁，或者干脆扔进废纸堆里。这时，如果销售员及时跟踪客户，打通电话与有关客户联系，就可以起到应有的销售作用。比如有这样一段电话录音："您好，上星期我公司寄来的一份电冰箱的广告宣传资料收到了吗？看了以后，您对这一产品有什么意见？"通常来说，对方接到销售员的这种电话，或多或少会有一番自己的建议与看法。此时，聪明的销售员会立即提出约见要求，以便听取客户对所销售产品的意见，届时他亲自上门向客户讲解推荐，一笔生意会很快谈成。这一预约方法，销售员是以预先邮寄的产品资料或广告信函为引子，让客户在尚未见到销售员之前，先对产品进行评价。在约见过程中，如果客户有意购买，自然会有所表露，销售目标也告实现。同时，约见之前销售员是以征求意见为理由，言下之意显示了对客户的尊重和对产品的负责态度。如此以礼为先，以诚相待，客户必然会对销售员产生好感，而拒绝约见的可能性便会减至最低限度。

5. 细致周到法

“主任先生，您好，我是 ×× 公司的销售员。昨天您和经理一道来我们公司门市部选购电子计算机，最后您们决定要等过了圣诞节再购买。现在刚巧有个好机会，从下周开始我公司开展促销活动，不仅每台计算机的价格可以优惠供应，而且实行三包服务，还负责培训操作维修人员，免收费用，我想你们不会错过这个绝好机会吧？因此，我建议贵公司还是赶快购买，最好在下周五上午来销售部选购，届时我在那里恭候您的光临，事后我保证派人送货上门。”销售员的此番言语，肯定能打动客户的心，早买早用，又享受优惠价格和优良服务，何乐而不为呢？销售员能为客户的利益想得如此周到，而且亲切有礼。客户遇到如此约请，通常来说都会从百忙之中抽出时间，欣然前往赴约洽商。

秘书的能量不可忽视

不管你愿不愿意相信，这个事实都是存在的：你能否见到大人物，往往由秘书小姐决定，只有先打动了秘书，才能打动客户。所以你应该真诚地对待秘书小姐，和她们搞好关系，有了她们的帮助，你的销售一定会更加顺利。

一位经理讲述了这样一件事："一个销售员来到我们工厂指名要见我。我的秘书问他是否提前预约了？他说没有。但是他那里有一些我所需要的信息。我的秘书问他的名字和他公司的名称，他只说了姓名，其他的以'私人事务'为借口不答。我的秘书告诉他自己就是经理的私人秘书，可以处理所谓的'私人事务'，同时还告诉他我很忙。但那位销售员仍坚持要见我。

"那时我刚刚外出回到办公室，看到了那个销售员正和我的秘书纠缠。我不认识他，他和我握完手后做了自我介绍。我问他有何贵干？他说他有一种避税的新方法要告诉我，如果使用这种新方法的话，那将节省一大笔费用，并且表示我可以免费地使用他们的新方法，但前提是向他提供相关的信息，还保证说他会保密。接着，他迅速拿出了一份问卷出来就要发问。我一下明白了他的身份和意图，对他说：'等一下，你肯定是想向我销售什么吧，你是哪家公司的？’他一愣，说他是某家保险公司的。我顿时发怒了，‘趁我把你扔出去之前离开这儿，离开我的办公室！’”

在这里我们来分析一下那个倒霉的销售员失败的原因：

一是他没有预约。他来的时候经理先生正忙着做事，这个时候没有预约的人更不受欢迎。

二是虽然他告诉了秘书他的名字，但对自己的目的遮遮掩掩，让人更加生疑。

三是当秘书告诉他经理先生很忙时，他仍坚持己见，引起了秘书的不满。

四是他以欺骗的方式接近客户，不仅失去了再次造访的机会，还会给这家公司的其他销售员带来更大的困难。

诚实要比耍小聪明更容易接近那些非常忙的人。同时，销售员要认识到那些秘书小姐对他们是多么重要，在许多事情中，她们所起的作用不可小视。如果你想要见某个大人物，成功与否往往由那些秘书小姐们决定。毕竟，那些秘书们可以给你安排会谈的时间。实际上，她们就是那些大人物的左臂右膀。所以你必须对秘书们表示足够的尊敬和信任，除非你不想成功。

女人比男人忠于职守，安分守己，而且听话。但女人的心理却非常不稳定，情绪变化莫测，易怒、易忧，更容易受到诱惑，容易相信别人而受骗，一点儿小恩小惠就能让其改变“初衷”。这是女人本性的缺点和弱点。因此，你应该抓住她们的弱点，讨好她们，让她对你产生好感。

其实讨好秘书小姐的方法有很多，比如，你独出心裁做出一个出人意料的举动、做了别人做不到的事情、言语正中其怀，就容易博得她的好感。一旦对你产生好感，她就会忘了上司的命令，甘心为你做出违抗命令的事。

赢得秘书小姐信赖的技巧：要用清晰坚定的语句，表明你的意图。

“您好！我是某企业的销售员王磊，请通知贵公司经理陈先生，我来拜访他。”

您必须面带笑容，但不可过于谄媚。

由于是突然拜访，如何知道经理姓陈呢？

伺机询问企业进出的员工，如：“贵公司王经理的办公室是不是在这里？”对方会告诉你经理姓陈不姓王。

同样，你告诉秘书小姐，你要找总务处的王处长。秘书小姐会说，总务处只有陈处长。此时，你可说抱歉，记错了。

知道拜访对象的姓名及职务后，你最好说出哪个部门的哪个领导，或是直接讲出名字，这样能让秘书小姐认为你和受访对象很熟。

有些企业由于人员进出频繁，秘书小姐不管太多的事情。此时，也许你只要轻描淡写地说“我是某某企业的王磊”，就能顺利进入企业。

和拜访对象完成谈话后，离开企业时，一定要向秘书小姐打招呼，同时请教她的姓名，以便下次见面时能立刻叫出对方名字。

不要忘记秘书的工作之一就是应付销售员，所以千万不要忽视了她们。如果你能让她们对你产生好感，她们就会变成你的助手，心甘情愿地帮助你。

约见客户要比约会更周到

在销售过程中，约见客户是个非常重要的环节，它往往决定了你销售的成功与否。而一个优秀的销售员，是绝对不会忽略约会礼仪的，因为这是约会成功的必要保证。所以我们要注意：

1. 约会时间的学问

约见客户一般有两种约定时间，一种是自己所决定的访问时间，另一种则是客户决定的。自定的访问时间，是根据本身的销售计划或访问计划安排的，大都是确定的。例如考虑去甲公司访问，心想上午路上交通拥挤，而且即将访问的对象也很可能出去办事，还是决定下午去拜访他吧！而当准备去访问乙先生时，知道对方通常下午都去处理售后服务，所以最好以上午去访问为佳。对于计划去访问的丙太太，探听得知丙太太于每周一、周五下午要去学烹饪，如果不想空跑一趟必须避开这些时间，重新安排时间表。这类访问时间是由自己决定的，若对于销售活动没有什么妨碍，是属于自己比较能控制的问题。

而比较麻烦的，是那种客户来决定时间的。谈生意的活动，一般来说多半是迁就客户的意愿，无法依照卖方的立场来定时间。在很多情况下，虽然你自己事先拟定了一个访问时间表，事实上仍旧必须循着客户决定的时间去办事，说得极端一些，这个访问时间由客户决定后，即使心中有所不满，还是要维持“客户优先”的原则。

而一旦与客户约定了见面的时间后，你就必须注意守时，如果不能很好地把握这一点，那么你就会因此失去一次销售机会。有这样一位失败的销售员，由他的行为来看，我们甚至可以说他是很愚蠢的，那么，到底在他身上发生了什么样的事情呢？大家一起去看一下。

有一次某先生想买一台计算机，和这位销售员约好下午两点半在办公室面谈。某先生是准点到达的，而那位销售员却在17分钟之后才满头大汗地走了进来，“对不起，我来晚了。”他说，“我们现在开始吧。”

“你知道，如果你是到我的办公室做销售，即使迟到了，我也不会生气，因为我完全可以利用这段时间干我自己的事。但是，我是到你这儿来照顾你的生意，你却迟到了，这是不能原谅的。”某先生直言不讳地说。

“我很抱歉，我正在餐馆吃午饭，那儿的服务实在太慢了。”

“我不能接受你的道歉，”某先生说，“既然你和客户约好了时间，当你意识到可能迟到时，你应该抛开午餐赶来赴约。你的客户，而不是你的胃口应该得到优先照顾。”

尽管那种计算机的价格极具竞争性，他也无法销售成功，因为他的迟到激怒了客户。更可悲的是，他竟然根本想不通为什么会失去这笔生意。

需要提醒大家的是，守时也不是说准时就可以了，最理想的是提前7～10分钟到达。准时去访问当然不会有差错，不过假如客户所戴的手表稍微快了一些，那事情就不好了，因为客户总是以自己的手表为准，尽管你所戴的表才是正确的时间，但是就客户而言，你已经迟到了。而有些脾气古怪的客户，认为约会迟到是不可原谅的事。即使没有发生这种客户表快的情形，而在约定的时间才到达，这样也会由于没有休息的时间，马上进入正题，而显得过于仓促。

但太早到也不好，比约定的时间早20分钟以上，也许客户在同你会面之前要先与另外的人洽谈，那么你突然冒出来，会影响他们的气氛，致使客户心里不痛快。尤其是在做家庭拜访时，你早到20分钟以上，可能这一家人正在整理房间，你的提前到达将使客户感到厌烦。

总之，比指定时间提前7～10分钟到达是相当合理的。比预定时间早点前去，可以获得缓冲的余地，至少可以喘一口气。假定在会见你之前有另外一位来客，而这个客人也许提前十几分钟离去，那你与被访问者的会面时间就可以增长十几分钟。提前些到达，尤其在夏日里，刚好得以擦拭汗水，使心情恢复平静，然后游刃有余地与客户交谈。在寒冷的冬季，从他处来可能显得面色苍白，那么若早几分钟到达，便能慢慢使脸上气色转佳。

另外提醒大家，为了使我们的访问能够顺利如期，我们很有必要向客户询问最近路上的交通流量如何，或是从广播中听听有关路程的交通拥挤、交通事故、交通阻塞的状况，这样可以避免迟到。

2. 需要注意的其他约会礼仪

除了要守时约见客户外，我们还需要掌握其他重要的约见礼仪，只有这样，你才能早日成为一名出色的销售员。

举例来说：当我们到客户办公室或家中访问，进门之前要先按门铃或轻轻敲门，然后站在门口等候，按铃或敲门的时间不要过长，无人或未经主人允许，不要擅自进入室内，当看见客户时，应该点头微笑致礼，然后再说明来意。进入客户的办公室或家中，要主动向在场的人都表示问候或点头示意。在客户家中，未经邀请，不能参观住房，即使是熟悉的客户家，也不要任意抚摸或玩弄客户桌上的东西，不要触动室内的书籍、花草及其他陈设物品。

要养成良好的卫生习惯，克服各种不雅举止。不要当着客户的面，擤鼻涕、掏耳朵、剔牙齿、修指甲、打哈欠、打喷嚏，实在忍不住，要用手帕捂住口鼻，面朝一旁，尽量不要发出声音，不要乱丢果皮纸屑等。这虽然是一些细节，但它们组合起来会构成客户对你的总印象。

另外，女性销售员必须注意的一点是：人前化妆是男士们最讨厌的女性习惯。当然女性在餐馆就餐后，让人见到补口红，轻轻补粉，还不是一件特别失礼的事。但是，当女性销售员在约见客户前，需要梳头、抹指甲、涂口红和化妆时，最好远离客户的办公室，请到化妆室或盥洗室进行。同样，在人前整理头发、衣服、照镜子等行为应该尽量节制。

约见客户不容出错的三个要点

销售员在约见客户时，一定要弄清“who”“when”“where”，即约会对象是谁，约见时间是什么时候，约见地点在哪儿。不要认为这只是一件很简单的事，这三个要点往往会决定你销售的成败。

1. 确定约见对象

销售员必须搞清约见的对象到底是谁，认准有权决定购买的销售对象进行造访，避免把精力浪费在那些无关紧要的人身上。在确定自己的拜访对象时，需要分清真正的买主与名义上的买主。

曾有这样一件事：一名销售员与某机电公司的购货代理商接洽了半年多时间，但始终未能达成交易，这位销售员感到很纳闷，不知问题出在哪里。反复思忖之余，他怀疑自己是否在与一个没有决定权的人士打交道。为了消除自己的疑虑，他给这家机电公司的电话总机打了一个匿名电话，询问公司哪一位先生管购买机电订货事宜，最后从侧面了解到把持进货决定权的是公司的总工程师，而不是那个同自己多次交往的购货代理商。

能否准确掌握真正的购买决定者，是销售成功的关键。跟没有购买决定权或无法说服购买决定者的人，不管怎样拉关系、讲交情都无助于销售，充其量只能增进友谊罢了。但在销售过程中，交际是为了销售，因此没有所谓的“君子之交”。如果销售员弄错“讨好”的对象，就如对牛弹琴，白白浪费自己宝贵的时间。

弄清谁是真正的买主，谁是名义上的买主，与销售工作的成败和销售效率的高低有极大的关系。

销售中常碰到的一个棘手问题是销售人员不知道谁有权力拍板成交，有时候你会遇上没有决定权的名义上的买主，跟这些人打交道的不幸在于他们不厌其烦地与你交流，但又不会直接告诉你他是个无决策权的人。所以，弄清谁是真正的决策者，抓准关键人物，然后确定约见拜访的对象，对销售员来说无疑是很重要的。当然，销售人员在约见客户时应避免“不见真佛不烧香”。尽管我们需要辨别真正的买主与名义上的买主，但并不是说要轻视那些有影响力的人物，如助手、秘书之类。这些人没有购买决定权是事实，但不一定没有否定购买的权力和影响。一旦销售人员得罪了他们，这些人就会在上司面前贬低你的产品，损害你的形象，到头来吃亏的仍然是上门销售的一方。特别是一些大型公司，有些主管常常把接见销售人员的事务全盘委托给自己的下属、秘书或有关接待部门处理，他们一般不会开门见山直接与你见面，只有当手下的人将销售的情况汇报给他，使他觉得有必要见你的时候，销售员才能与主管直接见面。所以，在确定约见对象时，既要摸准具有真正决策权的要害人物，也要处理好相关的人事关系，与那些名义上的买主保持良好的接触，取得他们的鼎力支持与合作，也是销售成功重要的一环。

2. 选择约见时间

在日常工作中，千万不要以为只有上门访问的时候才算销售。不少销售员其设想失败的原因，并不在于设想本身有误，也不在于主观努力不够，而是由于选择约见的时机欠佳。特别在进行未曾约定的销售访问时，由于事先没有通知和预约，很可能对方具有决策权的“真正买主”出差在外或正忙于手头工作。这时销售员突然上门，会使见面措手不及，也容易使销售活动无功而返。

销售要掌握最佳的时机，一方面要广泛收集信息资料，做到知己知彼。另一方面要培养自己的职业敏感度，择善而行。下面几种情况，可能是销售员拜访约见客户的最佳时间：

①客户刚开张营业，正需要产品或服务的时候；

②对方遇到喜事吉庆的时候，如晋升提拔、获得某种奖励等；

③顾客刚领到工资，或增加工资收入，心情愉快的时候；

④节假日之际或厂庆纪念、大楼奠基之际；

⑤客户遇到暂时困难，急需帮助的时候；

⑥顾客对原先的产品有意见，对你的竞争对手最不满意的时候；

⑦下雨、下雪的时候。在通常情况下，人们不愿在暴风雨、严寒、酷暑、大雪冰封的时候前往拜访，但许多经验表明，这些场合正是销售员上门访问的绝好时机，因为在这样的环境下前往销售访问。常常会感动顾客。

由于访问的准顾客、访问目的、访问方式及访问地点不同，最适合的访问时间也不同。不能确定准确的访问时间，不仅不能达到预期的目的，而且还会令人厌烦。销售员确定访问时间时，应注意如下事项：

根据被访问顾客的特点来选择最佳访问时间，尽量考虑顾客的作息时间和活动规律，最好由顾客来确定或由顾客主动安排约见的时间。销售员应设身处地为顾客着想，尊重对方意愿，共同商定约会时间。

根据访问目的来选择最佳访问时间。尽量使访问时间有利于达到访问目的。不同的访问对象，应该约定不同的访问时间。即使是访问同一个对象，访问的目的不同，访问的时间也应有所不同。如访问目的是销售产品，就应选择顾客对销售产品有需求时进行约见；如访问目的是市场调查，则应选择市场行情变动较大时约见顾客；如访问目的是收取货款，就应选择顾客银行账户里有款时约见顾客。

根据访问地点和路线来选择最佳访问时间。销售员在约见顾客时，需要使访问时间与访问地点和访问路线保持一致，要充分考虑访问地点、路线以及交通工具、气候等因素的影响，确保约见时间准确可靠，尽量使双方都方便、满意。

尊重访问对象的意愿，充分留有余地。在约定访问时间时，销售员应把困难留给自己，把方便让给顾客。应考虑到各种难以预见的意外因素的影响，约定时间必须留有一定的余地。除非有充足的把握和周密的安排，销售员不应该连续约定几个不同的访问顾客，以免一旦前面的会谈延长使后面的约会落空。

总之，销售员应该加快自己的销售节奏，选择有利的时机约见顾客，讲究销售信用，准时赴约，合理安排和利用销售访问时间，提高销售访问的效率。

3. 确定约会地点

在与销售对象接触的过程中，选择一个合适的约见地点，就如同选择一个合适的约见时间一样重要。从日常生活的大量实践来看，可供销售员选择的约见地点有顾客的家庭、办公室、公共场所、社交场合等。约见地点各异对销售结果也会产生不同的影响，为了提高成交率，销售人员应学会选择效果最佳的地点约见客户，从“方便顾客、利于销售”的原则出发择定约见的合适场所。

家庭

在大多数情况下，选择对方的家庭作为拜访地点。其中以挨家挨户的闯见式销售最为常见，销售的产品通常为日常生活用品。销售专家认为，如果销售宣传的对象是个人或家庭，拜访地点无疑以对方的居住地点最为适宜。有时，销售员去拜访某法人单位或团体组织的有关人士，选择对方的家庭作为上门拜访的地点，也常常能收到较好的促销效果。当然，在拜访时如有与顾客有良好交情的第三者或者是亲属在场相伴，带上与顾客有常年交往的人士的介绍信函，在这些条件下，选择对方的家庭作为拜见地点，要比在对方办公室更有利于形成良好的交谈气氛。但是，如果没有这些条件相伴，销售人员突然去某公司负责人家里上门销售访问，十有八九会让对方产生戒备，拒你于大门之外。

办公室

当销售员向某个公司、集体组织或法人团体销售产品时，一般是往对方的办公室、写字间里跑，这几乎成了一种最普遍的拜访形式。特别是在工作时间，他们始终待在办公室里，处理公务、联系业务，而在其他时间里销售员不容易找到他们。选择办公室作为约见地点，销售双方拥有足够的时间来讨论问题，反复商议促使销售成功。当然，与客户的家庭相比，选择办公室作为拜访地点易受外界干扰，办公室人多事杂，电话铃声响个不停，拜访者也许不止你一个人，或许还有许多意想不到的事发生，所以选择办公室作为造访地点，销售员应当设法争取顾客对自己的注意和兴趣，变被动为主动，争取达成交易。同时，如果对方委托助手与你见面，你还必须取得这些助手们的信任与合作，通过这些人来影响“真正的买主”做出购买决定。

社交场合

一位销售学专家和公关学教授曾说过这样的话：“最好的销售场所，也许不在顾客的家庭或办公室里，如果在午餐会上、网球场边或高尔夫球场上，对方对你的建议更容易接受，而且戒备心理也比平时淡薄得多。”我们看到国外许多销售活动常常不是在家里或办公室谈成的，而是在气氛轻松的社交场所，如酒吧、咖啡馆、周末沙龙、生日聚会、网球场等。对于某些不喜欢社交，又不愿在办公室或家里会见销售人员的顾客来说，选择在公园、电影院、茶室等公共场所，也是一个比较理想的地点。

约见真正的决策者，把握合适的约见时机，根据约见对象选择好约见地点，如果你能做好以上工作，那么你的销售就已经成功了一半。

不重视时间，就是不重视订单

“一寸光阴一寸金”，对销售员而言，时间就是金钱，你必须明白你的时间观念和你的业绩是紧密相连的，因此，你必须学会管理自己的时间，运用自己的时间。

首先，你要把自己的时间运用得更有效率。

1. 把琐碎的时间利用起来

工作与工作之间总会出现时间的空当，人们都会在事情与事情之间浪费琐碎的片段时间，例如等车、等电梯、搭飞机时，或多或少都会有片刻的空闲时间，如果我们不善加利用，这些时间就会白白溜走；反则积累起来的时间所产生的效果也是非常可观的。销售员在等汽车时总有十几分钟的空档时间，若是毫无目标地四下张望，就是缺乏效率的时间运用。如果每天利用这十几分钟等车的时间想一想自己将要拜访的客户，想一想自己要说什么，对自己的下一步工作做一下安排，那么，你的销售工作一定能顺利展开。不要小看不起眼的几分钟，说不定正是由于这几分钟的策划，你的销售取得了成功。

2. 制订一份合理的行程表

在时间的运用上，最忌讳的是缺乏事前计划，想到哪里就做到哪里，这是最浪费时间的。销售员拜访客户时，从 A 客户到 C 客户的行程安排中，遗漏了两者中间还有一个 B 客户的存在，等到拜访完 C 客户时，才又想到必须绕回去拜访 B 客户，这就是事先未做好妥善的行程规划所致，如此一来，做事的效率自然事倍功半。另外，一个节省时间的小窍门是某些私人事务也可以在拜访客户的行程中顺道完成，来减少往返时间的浪费。例如，交水电费、交电话费、寄信等，因此一份完整的行程安排表是不可或缺的。

3. 凡事都要限时完成

凡事必须定出完成的时间，才会迫使自己积极地掌握时间。俗话说“住得近的人容易晚到”，其原因是住得近，容易忽略时间。例如，一些销售员为了方便上班，在离公司一步之遥的地方租房子，因为很快就可以到达公司，但也容易养成拖拉的坏习惯，结果往往是快迟到的时候才惊觉。事实上，不是时间不够用，而是因为消极的心态让你疏忽了时间的重要性。因此，要改变自己的想法，就必须用正确而积极的态度面对时间管理，要求自己凡事都得限时完成，如此，事情才会一件接着一件地完成，这才是有效率地工作。

时间是最容易取得，也是最容易浪费掉的资源，因此你应该知道自己每个小时应创造多少生产效益及收入。若你每个月希望挣到 2 万元钱，那么你应该计算一下，如果你每个月工作 25 天，那么每天的生产力就是 800 元钱，每天 800 元钱的生产力如果除以 8 个小时的实际工作时间，那么你每个小时的生产力就是100元钱，每当你花费了一个小时的时间，你应该问问自己，我这个小时是创造了100元钱的收入还是浪费了50元钱？

优秀销售员的收入之所以高，就是由于他懂得利用时间。在每天相同的工作时数基础上，如果你的时间管理能力是普通人的2倍，那么你每天所能拜访的顾客就是普通销售员的2倍。这样即使你的销售技巧及平均成交比率和他人一样，那么你也能创造出2倍的业绩及收入。

因此可以说，一个不懂得运用时间的销售员是不可能有很好的收入的。

分析所有那些被人们誉为“顶尖销售员”的人，你会发现，他们在和顾客面谈之前，都会做好调查工作。他们总希望能够事先拟定好最佳的会谈方案，以便即时提供给顾客。因此正式面谈一开始，他们的反应大都是：“您的时间很宝贵，我也很忙碌，我们就开门见山谈事情吧！”可见他们是多么重视时间！这样不仅为自己，也为顾客带来了时间的节省和效率的提高。

一个销售员说早上7点到办公室的好处是：“我比一般人早到2个小时，没有人和我抢着用复印机和传真机，又可以打电话给工厂的顾客服务代表，而且有时间修正前一天所做的日程表，然后还可以比其他人提早一个小时下班。”

有一家保险公司，以普通小客户作为主要访问的对象。

当时，其他保险公司的销售员，一天只访问30户左右，而这家保险公司的销售员，一天却要访问100户以上。每天9点一到，他们就来到负责区域，展开例行的访问活动，其他竞争对手往往9点半过后才姗姗而来。不用说别的，光说起步，这家保险公司就赢得了30分钟。

这还不打紧，请教当地顾客之后，就会发现他们受欢迎的程度令人吃惊。这家保险公司的销售员，从没有中断过该地的访问活动，其他保险公司的销售员却偶尔才来，而且只逗留一会儿。照理来说，顾客不应该有太强烈的感觉，可是还是比较出来了，因为这家保险公司的销售员早上起步很早，留给顾客极为深刻的印象。只要一来，就被认为是来办事的，尽管只是一声招呼，却让顾客觉得很开心，结果，公司业绩扶摇直上，把其他保险公司甩在后面。

销售员第一天起步的时间，最好早于竞争对手5至10分钟。虽然只有短短的10分钟，一个月却累积成240分钟左右，一年就多了48个小时。

比竞争对手早到现场10分钟，不仅仅是单纯的数字不同，它后面所隐藏的意义，上述那家保险公司的例子就是最好的证明。

销售员在公司开完早会以后，要马上走出公司，直奔访问现场。千万别拖泥带水或临时办琐事，这样会打断工作的连续性。有时，主管会由于你动作太慢而责难道：“喂，大少爷，你还不出去吗？难道要等吃中饭？”结果弄得自己一天不高兴，这又何必呢？

虽然销售员要及早出门访问，但也不能不做准备就上路。访问切忌准备不周，所以要在前一日将资料备妥，顺便请上司提出意见。

销售员是可以自由支配自己时间的人，如果你不能好好地利用自己的时间，没有时间观念，那么销售的成功也就无从谈起了。

设计和运用正确的技巧接近客户

接近客户是销售中的一个重要环节，因为只有在不引起客户反感的情况下接近他们，你的销售才能顺利展开。

让我们先来看看销售大师法兰克·贝格是怎样学会接近客户的。法兰克根据客户的心理，得到下面两点有益的启迪：

其一，客户不喜欢那些身份和所属公司令人不放心的销售员。他们喜欢的是那些真诚以及身份和意图明确的销售员。

其二，如果事先没有和客户预约，销售员就应问问其来访是否造成了不便，这样做比那些一上门就销售的人更容易被接受。

一位销售冠军在介绍销售经验时说："接近那些第一次造访的客户，有个小窍门。用 10 秒钟把你自己完整地介绍给客户，这就是销售前的销售。"

如果没有预约，要去造访一个客户，他会打电话说："我是 ×× 保险公司的销售员。我现在正在你朋友家，你的朋友让我下次再拜访你，你现在能和我谈几分钟吗？或是晚一点我再打电话。"对方通常会说："那你想和我说些什么呢？"这位销售员就说："就谈谈您自己。"他会问："谈我的什么事呢？"

此时就是接近客户的好时机。但如果你此时还没准备好该怎么提问，那么以后就不要再打电话了。

既然是我们向客户销售产品，我们就应该直截了当地告诉他这会让他花一些钱。另外，我们要注意客户的身份和他最关心的东西。家庭主妇是没有兴趣和销售员谈该买什么电器的，她们关注的是肉类、鸡蛋、牛奶的价格，她们更乐于听到如何节约在食品方面开销的建议。而追求时尚的年轻人关心的是结交更多的朋友，怎样更出人头地，如何获得他们社交圈子的认可，以及怎样获得更多的收入。

大体上说，我们在接近客户时需要注意以下这些问题：

1. 控制好时间

我们必须善于控制接近客户的时间，不失时机地转入正式面谈。接近的目的不仅在于引起客户的注意和兴趣，更重要的是要转入进一步的销售面谈。因此，在接近过程中，我们一方面要设法引起和保持客户的注意力，诱发客户的兴趣；另一方面要看准时机，及时转入正式面谈。为了提高销售效率，我们必须控制接近客户的时间。

一般说来，每一次接近的时间太长了不好。具体时间的长短则应因人、因事、因地而异，不可长久接近，也不可急于面谈。例如，对于熟人或老客户，接近时间可以短一些，而对于从未见过面的准客户，接近时间则可相应延长。另外，销售的环境和气氛、客户的个性特征，以及其他有关因素，也会影响接近时间的长短。

在实际销售中，有时很难分清接近和面谈之间的时间界限。不过，从现代销售学理论看，接近和面谈是同一个销售过程中的两个不同的阶段，二者时间先后不同，方式方法也各不相同。从理论上把接近和面谈分为两个阶段，有助于我们明确目的，正确地运用各种销售技巧，提高销售效率。

2. 做好心理准备

最让我们担心的事就是客户的冷漠和拒绝。而冷漠和拒绝主要发生在接近客户时。因此，在接近客户之前，我们一定要做好必要的心理准备，要有克服困难的信心和勇气。

销售心理学把害怕接近客户、以种种借口避免接近客户的现象称为“销售恐惧症”。其原因是多方面的，一种情况是，有些人性格中自卑的成分较多；另一种情况是准备工作不充分，对客户了解甚少；还有一种情况是，有过几次遭到客户冷漠地拒绝的经历后，对自己的能力产生怀疑。

事实上，客户对我们态度冷漠、拒绝接受销售活动，并不一定是由于我们本人能力不佳或方法欠妥。客户拒绝的原因也是多方面的。如：我们来访时正好赶上客户情绪不佳；客户很忙，没有时间接待我们；客户确实不需要产品；客户对销售员这个职业有某种偏见；个别销售员缺乏职业道德，使客户迁怒于其他销售员，等等。

销售员不应因客户的冷漠和拒绝而丧失自信心，要充分理解客户，要坦然地面对困难，如果销售员做好了心理准备，就能够处变不惊，就能够正常发挥自己的能力和水平。

3. 用不同方法接近不同客户

我们必须学会以不同的方式接近不同类型的客户。在决定接近客户之前，必须充分考虑客户的特定性质，依据事前所获得的信息，设计各种不同的接近方法，避免千篇一律地使用一种或几种方法。

每一个客户都有其特定的购买方式、购买动机和人格特征。因而，他们对不同的接近方式，会有不同的感受。在某一客户看来，有些方法是可以接受的，而对另一客户而言，这些方法可能是难以接受的；同样的，对某一客户非常有效的接近方法，对另一客户则可能毫无效果。即使是对同一客户，也不能总是使用同一种方法。

怎样才能做到以不同的方式接近不同的客户呢?

(1) 要努力掌握尽可能多的接近方法和技巧，熟悉不同方法的适用条件。只有掌握多种方法，才能有所选择；只有熟悉每种方法的特征，才能做出正确的选择。

(2) 要充分利用准备工作期间所搜集的信息，判断客户的特征，并在制订洽谈计划时，对接近客户的方法给予充分的重视。一个优秀的销售员，在制订洽谈计划时，肯定会对怎样接近客户有所考虑。

(3) 我们要善于总结实践经验，发现接近客户这一活动中的一般规律，用以指导自己的工作，提高接近的有效性。

作为一名销售员，你必须学会设计和运用正确的接近技巧，只有做好了这一点，下面的销售工作才能顺利展开。

了解和掌握各种不同的再访技巧

销售访问是一场长期的战斗，不是一次两次访问就能解决问题的。有时候销售员甚至要尝试几十次。一些销售员说：我不怕辛苦，多跑几次没什么。可是我不知道再访时应该找什么理由，直愣愣地站在那里实在让我难受。找不到再访借口，是很多销售员都在发愁的问题，因此我们在此总结出若干个再访的借口，供大家参考。

销售员为了追求业绩的增长，一般都会锁定几个自己认为比较有可能成交的准客户，并运用各种方法去接近他们，了解客户的基本资料和他们对商品的需求偏好，据此整理出商品的特色和优点，以激发客户购买的意愿，并达到销售的目的。

在交易过程的接近、说明、成交、服务等阶段里，接近客户是完成目标的基础工作，只有经过获得客户认同与信赖的接触后，才能完成整个交易。然而，许多销售员在好不容易得到拜访客户的机会后，却没有再接再厉、继续再访的行动，以引起客户购买的欲望。这样，一旦时间拖得过久，客户的需求意念降低，就算产品十分优良，想要再得到客户的认同也不大容易。所以，寻找再访借口是销售员最需要了解与掌握的技巧。

以下有一些不同的再访借口，销售员不妨参考一下。

1. 初访时不留名片

一般的销售员总是在见面时马上递出名片给客户，这是比较传统的销售方式，但是却难免流于形式，你不妨偶尔试试反其道而行的方法，初次与客户见面暂不留名片，说不定有令人意想不到的效果。

2. 故意忘记向客户索要名片

这也是一种不错的方法，因为客户通常不想把名片给不认识的销售员，尤其是不认识的销售新手，所以客户常借名片已用完或还没有印好为由，不给名片。此时不需强求，不妨顺水推舟故意忘记这件事，并将客户这种排斥现象当作是客户给你的一次再访机会。

3. 印制几种不同式样或是不同职称的名片

如果有不同的名片就可以借更换名片或升职为理由再度登门造访，但要特别注意的是，避免拿同一种名片给客户，以免穿帮，最好在客户管理资料中注明使用过哪一种名片或是利用拜访的日期来分辨。

4. 在拜访时故意不留下任何自己的宣传资料

当客户不太能够接受但又不好意思拒绝时，通常会要求销售员留下资料，等他看完以后再联络。这时候有经验的销售员绝对不会上当，因为这只是一种客户下逐客令的借口，资料给了之后很可能不用多久就被丢到垃圾桶，所以就算客户主动提出留下资料，你也要婉转地回绝，但要在离开之前告知下次再访时补送过来。倘若忘了留下再访的借口，也可以利用其他名目，例如资料重新修订印制完成后再送来给您参考，或是客户索取太踊跃，所以公司一再重印，等我一拿到新印好的资料就送来。

5. 亲自送交另外一份不同资料

这份资料必须是客户未曾见过的，专业的销售员应当有好几份不同的宣传资料，才可以针对不同的客户需求提供不同的资料。

6. 搜集一些可以引起客户兴趣的资料

如果发现报纸或期刊上刊登着与商品相关的消息或统计资料，并足以引起客户兴趣时，都可以立即带给客户看看，或是请教看法。

7. 将资料留给客户参考

销售员在离开前必须先说明资料的重要性，并约定下一次见面的时候取回，若客户不想留下也无妨，你把资料放下就走，客户就算不看也不会把资料丢弃。切记，约定下一次见面的间隔时间不可太长，否则可能连你也会忘记有这么一件事。

8. 借口恰巧路过，特别登门造访

说明自己恰巧在附近找朋友或是拜访客户，甚至是刚完成一笔交易均可，但千万不可说顺道过来拜访，这一点是要特别注意的，以免让客户觉得不受尊重。同时还要注意，不需要刻意解释来访的借口，以免越描越黑，自找麻烦。

9. 找一个自己精通的问题向客户请教

这不是要考倒客户，而是要了解客户的专业知识，所以千万不要找太难的问题，以能够给予客户发表空间的“议论题”为佳。

10. 拉上直属上司联袂拜访

通过第三者的造访，尤其是你的上司陪同前往时，更能提高说服力。因为上司协助销售员开拓业绩，会使交易达成的可能性大幅提升。

11. 逢年过节别忘送上一份小礼物

这是接触客户最佳的时机和最佳的运作方式。当然，礼物的价值要自己把握，对非常有希望成交的客户才能送较重的礼，否则可能赔了夫人又折兵，这是需要先判断清楚的。

12. 赠送公司所发行的刊物

运用免费赠予客户公司刊物的机会，作为再访的借口也是十分恰当的。例如，某些公司会出一些月刊、周刊、日刊，或市场消息，过年时送月历、日历等资料。

13. 拟定新的计划以供客户所需

销售的商品可以搭配成许多不同的组合，有人称之为“套装”商品，不同的组合与搭配会有不同的效用，可以借此向客户请教某些问题，询问他有何观点或建议。

14. 以生日作为开场白

若能适时记住客户或其家人的生日，到时候再去找客户并送上一张生日贺卡或鲜花，也不失为有效打动客户的方法。

15. 举行说明会、讲座

可以举办最新商品的资讯说明会，特邀客户参加，加深客户对商品的了解，或是提供免费的奖品，相信会吸引很多人前来参加。销售员在送给客户邀请卡时，可以稍微解说一下讲座的内容，并在告辞前请其务必光临指导。

16. 运用客户问卷调查表接近客户

设计几份不同的问卷调查表带去请客户填写，问卷的内容主要在于了解客户对于销售商品的接受程度与观念，或是对于商品喜好的程度。

17. 在市场突然公布消息时给客户第一手资料

利用市场发布重大消息的机会，提供市场人士或是自己的看法给客户参考，使客户备感荣幸，从而拉近彼此的距离。

18．提供相关行业的资料给客户参考

“知己知彼，百战不殆。”搜集相关行业的动态信息作为参考，不但可以成为自己商品改良的依据，同时也可以举例说明别人成功的经验。

19．不用找借口，直接拜访

与其费尽心思为自己的行动找理由而踌躇不前，不如直截了当地登门拜访更加有效。这样做虽然比较唐突并可能碰壁，但也不失为训练自己能力与胆量的机会。

适当地运用再访技巧，并不是虚伪矫情，而是销售行业竞争发展的需要。传统的销售技巧已失效，新一代的业绩创造者必须要有新的理念与新的技巧，才能在复杂多变的市场中占有一席之地，因此了解与掌握各种不同的再访技巧，将有助于提高自己的销售业绩。

第四章
最重要的是客户的感受

当你跟任何人交往，首先你自己就是产品。只有把思想放在他们身上，才会让他们看到最佳的产品。赢得销售最好的方法就是赢得客户的心。一个好的销售员不止要自身足够优秀，更要注重客户的切身感受。就如同你自己就是客户，希望别人要怎样对待你一样。

具有亲和力，客户才喜欢你

在与客户的交往过程中，具有亲和力的销售员总是能占较多的便宜。亲和力的建立，就是通过某种方法，让客户依赖你、喜欢你、接受你。当客户对你产生依赖、喜欢的时候，自然也会比较容易接受和喜欢你的产品。

生活中，我们也有这种经验，对自己喜欢的人所提出的建议，会比较容易接受也比较容易相信，当然，我们对自己怀疑、讨厌或不信任的人，自然对他们的产品和服务也相对不信任了。

成功的销售员都具有非凡的亲和力，他们非常容易博取客户对他们的信赖，让客户喜欢他们、接受他们，很容易跟客户成为朋友。

许多的销售行为都建立在友谊的基础上，我们喜欢向我们所喜欢、所信赖的人购买东西，我们喜欢向与我们具有友谊基础的人购买东西，因为那会让我们觉得放心。所以，一个销售员是不是能够很快地同客户建立起很好的关系，与他的业绩具有绝对的关系，这种能力也就是常说的亲和力的建立。

亲和力的建立同一个人的自信心和自我形象有绝对的关系。什么样的人最具有亲和力呢？通常，这个人要热诚，乐于助人，乐于关心别人，具有幽默感，诚恳，值得信赖，而这些人格特质又与自信心有绝对的关系。

人是自己的一面镜子，你越喜欢自己你也就越喜欢别人，而越喜欢对方，对方也容易跟你建立起良好的友谊基础，自然而然地愿意购买你的产品。实际上他们买的不是你的产品，他们买的是你这个人的人情，人们不会向自己不喜欢的人买东西。

想一想，在你的工作当中，那些你最好的客户，那些最喜欢向你买东西的客户，以及你最喜欢买他们产品的人，是不是都是因为你们彼此之间有很好的感觉，你们觉得你们之间就如同朋友一般。正是这种彼此之间亲和力的感觉造成了大部分成功的销售行为和结果。

世界上最成功的销售员都是最具有亲和力、最容易跟客户建立良好关系、交上最好朋友的人。至于那些失败的销售员，因为他们没有自信心、自我价值和自我形象低落，所以他们不喜欢自己，他们讨厌自己，当然从他们的眼中看待别人的时候，就很容易看到别人的缺点，也很容易挑剔别人的毛病。他们容易讨厌别人，挑剔别人，不接受别人，自然而然地他们没有办法很容易与他人建立起良好的友谊。这些人缺乏亲和力，因为他们常常看他们的客户不顺眼，他们常常看这个世界、看许多人都不顺眼，他们的亲和力不佳，因为他们的自信心和自我价值低落，自然他们的业绩也就低落。

在销售行业中，所谓的“客户转介绍法”之所以会非常有效，关键就在于销售员以这个潜在客户的某位朋友介绍的名义去拜访一个新客户。在这种情况下，这个新客户要想拒绝销售员是比较困难的，因为他如果这样做就等于拒绝了他的朋友。当你以这种名义去拜访一位潜在新客户时，你已经在一开始就获得了50%的成功机会，因为，你们之间已经存在了某种程度的亲密度了。

销售大师乔·吉拉德就是使用这种亲和力法则而使自己成了顶尖的汽车销售员，赚取了大量的财富。

他和客户建立联系的方法，表面上看起来好像很傻而且挺费钱，每个月他都给至少1至3万个老主顾寄去一张问候卡片。而且每个月的问候卡片内容都在变化。但是问候卡正面打印的信息却从未变过，那就是“我喜欢你”。“我喜欢你”这四个字每个月都印在卡片上送给了1至3万个客户。

或许有人会怀疑这种方法的有效性，但是乔·吉拉德已经用他的业绩证明了这一点：被他人欢迎，具有亲和力的销售员，才能成为销售高手。

卡耐基曾说过：人类最终、最深切的渴望就是做个重要人物的感觉。这也就是为什么多数人喜欢听奉承话的道理。即使他们知道这些奉承话是假的，也仍然百听不厌。

人与人之间的相处，首先必须找出彼此间的“共同点”。人们喜欢同和自己具有相似之处的人交往。不论这种相似性指个人见解、性格特性、嗜好还是生活习惯、穿着谈吐等。越和我们相似的人，彼此之间的亲密度就越高，所谓的物以类聚就是这个道理。

当相似之处愈多时，彼此就愈能接纳和欣赏对方。你喜欢跟哪种人交往？你会不会喜欢结交事事与你唱反调，想法和兴趣都和你迥异的人呢？相信不会。你应该会喜欢结交同你个性、观念或志趣相投的人。你们有共同的话题，对事物有相同的看法，或是有相似的环境及背景，不论如何，你们或多或少有某些相似之处。沟通也是如此，彼此之间的共同点愈多就愈容易沟通。

利用这种物以类聚的原理来增进彼此间的亲密度的另一种方法是找出及强调我们与客户之间的类似经历、行为或想法。

举例来说：在销售时，我们应该多注意客户的一些小细节并且多和客户交谈，找出任何可能与他有相似性的地方。比如说你发现客户戴了一个特别的项链，而你也刚好有个一样或类似的项链，你就可以问她这个项链是在哪里买的，称赞她的项链，并且告诉她你也有一个同样的；可以注意听客户的口音，询问他的家乡，同时告诉他你的某个家人或亲戚也住在那儿。

总之，通过我们敏锐的观察力及与他人相处的热忱，就可以达成良好亲密度的建立。

这些相似之处越琐碎越能发挥作用。一位曾经研究过保险公司销售业绩报告的研究员发现：如果销售员的年龄、思想、价值观、背景、某些嗜好或习惯等与客户相似时，这个客户就比较乐意买保险。因为这些微小的相似之处可以产生更强的亲密度。

我们在销售前，应最先把什么卖出去？那就是我们“自己”。

具有亲和力的人该是怎样的呢？问问你自己：“你是喜欢有自信心的人还是没有自信心的人呢？你是喜欢热忱的人还是冷淡的人呢？你是喜欢爱帮助你的人还是对你漠不关心的人呢？只要你能够关心客户，乐于助人，能够设身处地为别人着想，那么你也可以成为一个具有亲和力的人。

不管怎样，销售就是一项与人打交道的工作，有亲和力的人，无论在什么情况下都会受人喜欢。所以，销售员在进行产品介绍前，务必要在最短的时间，锻炼自己的亲和力。

客户的名字是个重要符号

我们每天要跟许许多多的人打交道，对于这些人，你不应该见过就忘了，连人家的名字和样子也想不起来，这样的话，你绝对无法成为卓越的销售员。

姓名虽然只是一个个体的符号，但却无比重要，如果你想通过别人的力量来帮助自己，首先要尊重别人的姓名。

有一位高级时装店的老板说："在我们店里，凡是第二次上门的，我们规定不能只说'请进'。而要说：'请进！ ×× 先生（小姐）。'所以，只要来过一次，我们就存有档案，要全店人员必须记住他的尊姓大名。"如此重视客户的姓名，不但便于时装店制作客户卡，掌握其兴趣、爱好；而且使客户备感亲切和受到尊重，走进店里有宾至如归之感。因此，老主顾越来越多，生意越来越兴隆。

作为一名销售员，如果你是第二次拜访同一客户，就更不应该说："有人在吗？"而该改问："× 先生在吗？"

说出对方姓名是缩短销售员与客户距离的最简单迅速的方法。记住姓名是交际的必要。而交际等于销售员的生命线，所以怎么能不记住客户的姓名呢？

当然，你不仅要记住客户的姓名和电话号码，还应该记住那些秘书的姓名以及相关人员的姓名。每次谈话，如果你能叫出他们的名字，他们便会高兴异常。这些人乐意帮助你，常常给你的销售带来很多方便。

但是有些人对记不住别人的姓名似乎毫无办法，让人感到不可理解。他们为何不做些扎扎实实的工作呢？只要用心去记，不断地重复，记住别人的姓名和面孔，不会有多么困难。

下面是一位成功销售员讲述的记住他人的名字与面孔的方法：

1. 通过多种方法加深印象

心理学研究表明，人们的记忆力问题其实就是注意力问题。人们常常忘记别人的名字，可是如果有谁忘记了我们的名字，我们就感到不高兴，记住别人的名字是非常重要的事，忘记别人的名字简直是不能容忍的无礼。

如何正确地记住别人的名字？如果没有听清，就及时地问一句：“你能再重复一遍吗？”如果还不能确定，那就再来一遍：“不好意思，你能告诉我如何拼写吗？”大多数人对于别人想正确记住自己名字的态度是很欢迎的，他们不会因为你的一再重复而不高兴。

要想记住别人的名字和面孔，还要留心观察。人们都说眼睛是心灵的照相机，能把人们注意的东西记录下来。我们如果闭上眼睛，头脑中就会出现多种多样的面孔，就跟看照片一样。大脑之所以记住这么多面孔，就是因为眼睛用心看了。

2. 运用重复记忆法

也许我们都有过这样的情况，介绍给你的人不过 5 分钟就忘记了对方的名字。而避免出现这种情况的有效方法就是多次使用他人的名字。

同时，如果你想让别人记住你的名字，你就应该多次利用机会在他面前重复你的名字。

与一群人见面时，首先粗略地记住四五个名字，花点时间写下来。然后再会见下一批人，再记四五个人，如此反复，直到把所有人的名字都写下来。你可以试着把他们的名字编成一句话牢记在心。比如，你在一次宴会上同时会见十几个客户。你就可以试着把这些名字串起来，编成一句顺口溜，这样就不容易忘记了。虽然并不是总能编成一句话，但你知道了这种方法，记起别人的名字来就不那么困难了。

3. 联想一下相关的事物

怎样才能把要记住的东西留在脑中？毫无疑问，运用联想是最重要的方法。

有一次，小薛在一个餐馆吃饭，没想到那家餐馆的老板在分别20年后，居然认出了他。而小薛以前从未注意过他，因此大感吃惊。

他急切地说："咱们是一个学校的同学。我叫陈庆刚。"

小薛听完了并没有想起什么，以为他认错人了，可是，他不光叫出小薛的名字，还说出了那所学校的名字。他见小薛面带困惑，进一步问道："你记得张军吗？还有杜浩？"

"杜浩！我最好的一位朋友，我当然记得他。"

"那你记不记得整天和杜浩一起上学的那个人？"

小薛大叫了起来："大陈！"他俩紧紧地拥抱在了一起。

这正是联想所起到的非凡的作用。

此外，我们还可以备个小本，如果是尊贵的客人，切不可当面拿出小本来，只能背后追记。但对初次见面的、你正在挖掘的潜在客户，你可以说："我记忆力差，请让我记下来。"他们不但不会讨厌，还会产生一种尊重感，因为你真心实意想记住他的名字。为了防止以后翻到名字也回忆不起来，除了记下名字以外，还要把基本情况如单位、性别、年龄等记下来。这个小本要经常翻一翻，一边翻一边回忆那一次会见此人时的情景，这样，三年五载以后再碰到此人，你也可以叫出他的名字来。

我们做销售靠的是人缘，而如果想有个好人缘，首先就先要有个好记性，当你能够准确地叫出每个客户的名字时，你就可以称得上是个真正的销售员了。

情感是达成交易的重要作用点

销售从本质上来说，有一定的理智成分在内。比如你所销售的商品必须是客户切实需要的，价格合理，这些就是所谓的理智成分，但是，人都是感情动物。有一句话这样说："客户是用情感购物，用理智判断得失。"要促成客户购买，销售活动就应当侧重于情感，而非理智。理智只能巩固销售，情感才是达成交易的作用点。

毫无疑问，人们购买每一种物品都是为了满足自身的需要。购买必需品，人们是靠理智来购买。而对于大多数物品，人们则是依靠情感来购买的。所以，在销售中，以情感为核心是至关重要的。

许多销售员的失败就在于他们忽视了“客户是凭情感购物的”这一点，他们只是用理智向客户销售他们的产品。也许你的产品确实对客户有用，但是如果客户没有购买的欲望的话，又怎么会买你的产品呢？

因此，作为一名销售员，要想成功地销售出自己的产品，就必须优先考虑感情上的东西，多一些人情味。在销售行业多一些人情味，可以使你博得客户更大的好感，同时给你带来更多的商机，太理智化、太商业化的销售员是不会受到人们欢迎的。

明珠珠宝城是一家经营饰品的商店。虽然它只是一个占地不足180平方米、由15个营业员组成的普通珠宝店，但是令人意料不到的是，它每个月的销售额竟然超过80万元。

人们迷惑不解，明珠到底有何高招呢？明珠的总经理凯特女士认为，作为一个商人谁都想赚钱，但要讲究方式，应尽量使商业味淡一些，人情味浓一点，那样才会让客户感到舒心。

曾经有一位客户在明珠珠宝店内逛了很长时间，但是他却没有说明要购买的东西，营业员猜想这位客户一定是想购买一些东西，但不知有什么顾虑。于是，这位营业员将他请到了办公室中，给他端上了一杯饮料。通过交谈，营业员得知，这位客户想购买大量的珠宝，但为了保证安全，想单独进行交易。而营业员的这一举动正好符合了客户的心理需求，于是轻而易举地就做成了一笔大生意。

可见，人情味有时很容易打动人心。

每个人的购买欲很多时候来得突然，但又会稍纵即逝。恰到好处地向客户传递销售者的人情味，便极有希望捕捉到成交的契机。比如大人带着小孩逛商场，小孩一般不感兴趣，常常闹着要离开。针对这种情况，我们就可以准备了一些儿童小玩具，赠送给小朋友，这样既达到了稳住小朋友的目的，又让大人感受到我们的人情味，能够有效缩短彼此的距离，从而大大激发出客户的购买欲望。

所有的问题都能用关心来解决

每个销售员都应当努力与客户建立良好的人际关系，这样你才会受到客户的喜爱、信赖。有了这种关系，很多时候客户都会因为照顾你的情面，而购买你的商品，那么怎样才能与客户建立良好的关系呢？销售员们不妨试试多给客户一点关心。

著名心理学家佛洛姆说：“为了世界上许多伤天害理的事，我们每一个人的心灵都包扎了绷带。所有的问题都能用关心来解决。”这句话给关心下了一个最好的注脚。

关心有一种奇妙的互动作用，你主动关心别人，而别人也会关心你。许多人一辈子渴望别人的关心而得不到，问题出在他自己：他只关心自己，从不先主动去关心别人。

无论你销售什么，关心都是赢得永久客户的重要因素。当你提供稳定可靠的关心，无论出现什么问题，你都能与客户一起努力去解决。但是，如果你只在出现重大问题时才去通知客户，那你就很难博得他们的好感与合作。销售员的工作并不是简单地从一笔交易到另一笔交易，还必须花时间维护好与现有客户来之不易的关系。糟糕的是，很多销售员却认为替客户提供优质的关心赚不了什么钱。乍一看，这种观点好像很正确，因为停止关心可以腾出更多的时间去发现、争取新的客户。但是，事实却不是那么回事。你的关心会使他们愿意一次又一次地回头光顾你，更重要的是，他们乐意介绍别的人给你，这样一来你就等于拥有了一座取之不尽的金矿。

你要做到的是：为你的客户提供最多的关心，以至于他们对想一想与别人合作都会感到歉疚！成功的销售生涯正是建立在这类关心的基础上。

戴尔·卡耐基说："时时真诚地去关心别人，你在两个月内所交到的朋友，远比只想别人来关心他的人在两年内所交的朋友还多。"那些不关心别人，只盼望别人来关心自己的人，应时刻拿这句话告诫自己。

关心别人既然如此重要，那么要拿什么去关心别人呢？有人以为关心别人就得花钱，但事实并非如此。

一句诚挚的"谢谢"，一个热忱的微笑，简单亲切的问候，诚心诚意的道歉，这些都很微末，也不用钱，可是发自肺腑，就能感人。

销售员关心顾客时，应该特别注意下列的时机：生日、病痛、喜事、丧事、灾难等，因为这些时候最渴望别人的关心。好事，希望你来分享他的喜悦；坏事，希望你来分担他的忧伤。

总之，你应当尽己所能地为客户提供更多的关心，不要怀疑，成功的销售正是建立在关心客户的基础上。

真诚的关心能换来客户的信任，而客户的信任是无价之宝，如果你能更多地关心客户，那么你的销售也一定会更成功。

让客户觉得你是真诚地为他着想

销售说到底还是关于人的学问，你只有设身处地为客户着想才能让客户接受你，接受你销售的商品。

当让别人替你做那些“你要他们为你做”的事情时，你必须站在他们的立场上，用他们的眼光来看待事物。

成千上万的销售员在路上奔波，他们疲惫不堪，垂头丧气，徒劳往返。为什么呢？因为他们总是只想自己所想，他们并没意识到客户有时候并不想买任何东西。每个人都一如既往地对解决自己的问题感兴趣。如果我们能向客户表明，我们的服务或商品将如何帮助他们解决问题的话，我们就不必向客户费尽心机地销售了，客户自己会去买的。因为客户们喜欢这样的感觉——他们是在买东西，而不是被卖东西。

然而，许多销售员花了毕生的时间去销售商品，却从来不曾从客户的角度看待事物。路德说：“我在森林山街住了许多年，有一天当我赶往汽车站时，偶然碰到一位不动产经纪人，他多年来一直在这一带买卖房产。他很了解森林山街的情况，因此我急切地询问他——我那幢房子的建筑材料是金属板条还是混凝土预制板。他说他不知道，并且告诉我可以给森林山街园林协会打电话了解这方面的情况。第二天早上，我接到一封他写来的信。他问我是否已经了解到了我想了解的情况。按说他完全可以打个电话，用不了两分钟的时间就可以了解到此事。但他并没有这样做。他再一次告诉我说，我自己可以打个电话去了解。”

他对于帮助路德并不感兴趣，他感兴趣的仅仅是帮助他自己。

加利福尼亚州的卢克·布莱恩特是这样谈同一公司的两个销售员是如何处理同样类型的情况的：

“你知道的，若干年前我在一个小公司工作。在我们公司附近有一家大型保险公司的地区办事处。他们的业务是按地域划分的，因此我们这个公司分派两个销售员来负责，就是鲁尼和哈里。

“有一天早上，鲁尼在我们的办公室里小坐，随口提到他的公司刚刚为经理人员开设了一种新型的人寿保险，并且认为我们日后也许会感兴趣，他表示当他在这方面了解到更多的情况时会来告诉我们。

“同一天，哈里在便道上看到我们正喝完咖啡回来，他大声喊道：‘嗨，卢克，我有一些重大的消息要告诉你们。’他快步走过来，非常兴奋地把他的公司为经理人员开设的人寿保险告诉我们（同鲁尼随口提到的是同一回事）。他想让我们成为第一批参加者。他就投保范围向我们提供了一些重要的情况，最后他说：‘这种保险形式很有新意，我打算明天从总部叫个人专门解释一下。现在，咱们就在这儿先把申请表填一下，这样我就能在工作时有所依据。’他的热心鼓动使我们急于参加这种保险，尽管我们并不了解具体细节。后来的情况证实了哈里对这种保险的初步理解，他不仅使我们每个人都买了保险，而且后来还把我们的投保范围扩大了一倍。

“鲁尼本来是可以做成这笔交易的。可是他没有想办法激起我们购买这项保险的任何愿望。”

这个世界充满了钻营和追名逐利的人。因此，那些不大多见的无私地尽力帮助他人的人便具有巨大的优势。因为他没有竞争对手。欧文·扬，一位著名的美国律师兼大企业的巨头之一，曾经指出：“那些能够设身处地为他人着想、懂得他人心理活动的人，从来不需要为前途未卜而忧心忡忡。”

要想销售出产品，就要学会为他人着想，从他人的角度看待问题。也就是说要使客户依照“你希望的那种方式”去做，就应该跟那些你想去影响的人交换意见。

怎样才算是为客户着想

上文我们已经说过，作为销售员，我们必须注意替客户着想，不要只为自己着想，损害客户利益，只做“一锤子”买卖。那么，我们究竟要做到怎样才算是为客户着想呢?

1. 要守信，才能让客户信任

言而有信才是真君子，你要以自己的言行博得客户对你的信任，并且相信他的权益也会由于你信守诺言而得到保护。令人痛心的是，许多销售员的保证不过是一纸空文。如果书面保证在执行中受到限制，你应当提前向客户解释清楚。

2. 用证据来证明观点的真实

你的销售卖点必须有事实根据，让人听起来有理有据。如果过分地夸耀你的商品，就会使人难以置信，或者使客户无法核实你说的话是否准确。即使你说的完全是事实，也会使客户产生怀疑。

因此，任何时候都应当拿出充分的证据来证实你的卖点的真实性。无论如何，直截了当地向我们提出质疑的客户毕竟是少数。许多朋友之所以没有获得客户的订单，其原因就是他们过高地估计了客户对其商品的信任程度，过低地估计了向客户提供证据的必要性。客户购买你的商品是要付钱的，他们不会，也不能随随便便地浪费自己的金钱购买你的东西。因此，销售商品时我们一定要拿出充分的证据来证明你的观点的真实性。

3. 接受客户的意见

拒绝接受客户的反对意见，会使你的整个销售工作毁于一旦。因为，如果你对客户的反对意见置之不理，当你反驳客户提出的即使是毫无根据的反对意见时，客户也不会相信你。有时候，销售员企图对客户的反对意见一一加以驳斥，这说明他自己存在着一种害怕心理。因为他觉得对反对意见不加以反驳就可能丧失成交的机会，销售员之所以向客户证明他的产品绝对可靠，其唯一目的就是表明他的一切努力都是为自己辩护，并证明他是正确的。因为对客户来说，任何一种商品都有其固有的长处和短处，只有在它的长处大于短处时，客户才会做出购买决定。另外，固执的销售员往往也会使客户变得固执起来。

尽量坦率地承认缺点吧，客户不仅不会对你的商品失去信心，反而会认为你这个人诚实可靠，是为自己着想，因而可能同你达成交易。

4. 别总销售高价商品

并不是每个客户都买得起所谓的奢侈品，买得起的客户也并不是只需要和永远需要这些。比如普通的客户不会需要大型、高精密度的和每秒运转速度达10亿次的电子计算机，他也不一定买得起这样的计算机。你向他销售这种计算机只是给客户造成了不必要的负担和损失。

为客户着想，总的来说是不要总向他们销售过于昂贵的华而不实的商品。如果你对此不注意、不重视，客户就会怀疑你的销售动机，就会认为你之所以这样做完全是为了增加个人收入。在同时向客户销售几种商品的情况下，不要一开口就介绍你的高端产品。但是，如果你从蛛丝马迹中发现客户确实需要某种高端产品时，就应该不失时机地介绍给他。

此外，优秀的销售员应有远见卓识，不为某些诱惑人的交易机会所动。如果你发现客户购买你的商品完全是由于无知所致，或者客户对购买的决定感到不满意，你应当放弃成交机会并把你的想法告诉客户。任何一位客户都会为此真诚地感谢你。你虽然会因此而失去一份订单，但却可能赢得客户的信任，使他成为你的老主顾，甚至把你当作他的参谋和朋友。

只需倾听，就能攻心

一些销售员之所以业绩不好，往往是因为他们忽视了倾听的重要性。这些销售员总是说得太多，听得太少，结果客户感受不到对自己的尊重，自然也就不会对销售员产生好感。而生活中我们会发现，那些顶尖的销售高手，往往也是倾听的高手。

卡耐基认为：倾听是一种典型的攻心战略，一个不懂得倾听，只是滔滔不绝、夸夸其谈的销售员不仅无法得知有关客户的各种信息，还会引起客户的反感，导致销售的最终失败。作为一名好的销售员，首先必须是个高明的听众。当客户热心谈论的时候，你要做出认真倾听的样子，如此，销售才能轻轻松松。

有一位汽车销售员，经朋友介绍去拜访一位曾经买过他们公司汽车的客户，一见面，这位销售员便照例先递上名片介绍了一下自己。没想到才说几个字，就被那位客户以十分严厉的口吻打断，并开始抱怨当初他买车时的种种不愉快的经历，比如车价太贵、内装及配备不完美、交车等待过久、服务态度不佳……讲了一大堆，而这位销售员只是静静地在一旁听他抱怨，并没有反驳他。

终于等到这位客户把以前所有的怨气全倾诉完之后，才发觉这个销售员好像以前没见过，于是便有一点不好意思地回过头来对他说：“年轻人，你贵姓呀，现在有没有好一点的汽车？拿份目录来看看吧！”一个小时过后，这个销售员高兴地离开了，因为他手上拿着一辆福特车的订单。

在这次销售中，这位销售员从头到尾恐怕没有讲上几句话，但他却成功地完成了交易，这就是“听”的艺术。

倾听除了出于礼节的考虑，它还能使客户感到被尊重，可以缓和紧张关系，解决冲突，增加沟通。对一个成功的销售员来说，有效的销售方法是自己只说 30% 的话，把 70% 的话留给客户去说。

西方人说，上帝赐予我们两只耳朵、一个嘴巴，就是要我们少说多听。如果你是一位话多的销售员，请改变一下自己吧，先学会做一位优秀的倾听者。

倾听也是一门艺术，只有掌握了倾听的技巧，才能打动客户。

1. 耐心倾听，把握销售良机。心理学家的统计证明，一般来说，人说话的速度为每分钟 120 ~ 160 个字。而听话及思维的速度比讲话速度大约快 3 至 4 倍。鉴于这种差距，销售员在聆听时，应充分利用这个时速差来用心思考，琢磨客户的说话内容。反之，如果对客户的说话内容听而不闻，或者在听的时候想别的事情，那就有可能因此错失销售的良机。

作为销售员，能够耐心倾听对方的谈话，等于告诉对方：“你是一个值得我倾听你讲话的人。”这样在无形之中就能提升对方的自尊心，加深彼此的感情，为销售成功创造和谐融洽的环境和气氛。因此，听人谈话应像自己谈话时那样，始终保持饱满的精神状态，专心致志地注视着对方。

2. 倾听的态度要谦虚。销售的主要议题是沟通信息、联络感情，而不是辩论或演讲比赛，所以在听人谈话时，应持虚心聆听的态度。有些人觉得某个问题自己知道得很多，就中途接过话题，不顾对方的想法而自己发挥一通，这同样是不尊重对方的表现。或者急于发言，经常打断对方的讲话，迫不及待地发表自己的意见，而实际上自己往往还没有把对方的意思听懂、听完。

在一些销售场合，如果你不赞成对方的某些观点，一般应以婉转的语气表示出疑问，请对方解释得详细一些。或者说："我对这个问题很有兴趣，我一直不是这样认为的"；"这个问题值得好好想一想"。即使你想纠正对方的错误，也需在不伤害对方自尊的条件下以商讨的语气说："是这样吗？我记得好像是……""贵方在以往的销售中似乎是另一种做法……"如此这般，就足以使对方懂得你的意思了。

3. 用心倾听，了解客户意图。销售员在倾听客户说话时，需要了解客户的真正意图，只听其话语的表面意思是远远不够的。

听客户谈话时，要能控制自己的感情，不要总想占主导地位，一个处处想表现自己的人，绝对不是一个好的销售员。

4. 要有反馈性的表示。要使自己的倾听获得良好的效果，不仅要细心倾听，而且还要积极回应。自己的表情要随对方的表情而变化，并用简单的肯定或赞赏的词语适当地表达自己的认同等。这样，客户会认为销售员在认真地聆听，而愿意更多、更深层地讲出自己的观点。要注意不断将信息反馈给对方，以检验自己的理解是否正确，并引导客户谈话的内容。

一般来说，销售员在倾听的同时，可以采用以下几种方法做出倾听反应：

一是轻轻地点头做出反应表示同意。销售员用这种方法表示自己正在听客户的谈话，有时轻轻点几下头以表示对客户所传达的信息的赞同或默许。

二是销售员的目光要注视正在说话的客户，不要做其他任何动作，也不要说话。这表明你正专心致志地倾听客户的谈话，并且对客户的谈话表现出浓厚的兴趣。这是对客户的尊重。

三是销售员偶尔发出声音，用尽量少的言词表示出自己的意思。比如："真的啊""是那样""没错"。使用这种词语，一般表示销售员对于客户的话有所了解，或者表示同意客户的看法。

认真倾听客户讲话，是赢得客户的一种非常有效的办法。每一位销售员都应学着少说多听，这是获得订单的捷径。

读懂客户微反应，做出我们的反应

借问各位朋友一句：你过去注意过客户的身体语言吗？请不要忽略了这个细节，客户的举手投足往往反映出了他们的内心想法，如果我们能够学会解读客户的身体语言，那么就可以了解对方的心思与情绪，如此，我们就可以知道自己应该何时改变应对措施以及如何去改变应对措施，从而实现自己的销售目标。现在，我们就一起来解读一下那些身体发出的语言信号。

1. 客户表示怀疑的肢体语言

下列身体语言便是客户表示猜测与怀疑的信号：

眼睛看着天花板，或者是拉下眼镜、低着头、眼睛向上看人，好像是说："你在耍我了，你认为我很好骗，是不是？"

手揉搓鼻子、玩胡子，或者摸后脑勺。

身体向椅背靠，两手交叉放在胸前。

皱眉、假笑或头左右大幅度地摇摆，嘴巴张得大大的，表现出一副不相信、吃惊或"一脸讽刺"的样子。

挑起眉头，眼睛往旁边看。

嘴巴微微张开，手指放在下牙齿上，表现出一副困惑的样子……

这类客户根据自身使用过不好而又类似的商品的经验，觉得你提供的数据根本就不真实。因此，当我们的论点变得牵强附会与难以置信时，即使是真的，客户也会有所怀疑。这种猜测、怀疑与反对，一般都会通过身体语言清楚地告诉人们："我不相信你所说的话。"客户需要更多的证据来证明销售员说的话是真实的。

我们应做的反应是：

表示与客户有同感，诱使客户说出自己怀疑的原因。然后，再决定如何才能使客户完全相信自己。

确信自己已经将强调的重点解释清楚了。可以借助于例子、图片、类比与解释等方式，使客户完全理解自己的观点。在客户赞成自己的说法之前，必须让他理解有关问题。

提供充分的证据证明自己的观点或主张。当然，这些证据必须是可信的。这些证据必须是经过测试的结果、统计图表，以及其他独立的权威机构提供的报告、产品示范或者是使用过本公司产品或服务的客户的现身说法。这样一来，客户不仅更容易信服，而且也更容易赞同销售员的观点。

2. 客户表示不满、反感的肢体语言

下面是客户生气、沮丧或其他不愉快的典型的身体语言信号：

身体突然挑衅性地摆动，手势忽动忽停，还有其他一些突然性动作。比如，上半身突然前倾，手指不停地摇晃。

双手交叉放在胸前，而手指紧紧地抓住上臂。

双手紧紧地抓住桌子或大腿，或者紧紧抓住椅子的扶手。

站立时，双手紧紧地放在背后，两腿站得笔直，而且纹丝不动。

不停地揉鼻子，抓后脑勺、脖子或脸颊，表现出一种不耐烦的情绪。

既不笑也不做出反应地点头，整个下巴的肌肉都绷得紧紧的，双眉紧锁，有时眼睛还向别处张望。

销售员在销售过程中，经常会引发客户愤怒、争吵、防范、失望或者其他怀有敌意的行为。这种情况的发生，大致有如下几个方面的原因：一是我们失言，特别是对客户重要的事情的承诺失言；二是我们直接表达了反对意见或者对客户提出了挑战性意见（客户被迫挽回自己的面子）。有时，我们的某些失礼或轻浮的行为与态度也会使客户不满。客户也会因为我们没有给予他认为是合理的某些产品销售特权而感到沮丧。

在客户生气或者说发脾气时，不一定会经常表现出一些明显的特征。有时，客户为了顾及自己的地位与自尊心，他会试图暗自控制自己的情绪。

我们正确的应对措施是：

此时我们必须立即停止正在谈论的话题或正在做的事情，先关切地提出安慰性的问题，表现出自己真诚地关心客户，以得到他的信任，进而找出出现这种情绪的原因。

如果时机恰当的话，我们应该向客户表明，自己愿意在某些方面做出让步，以达成协议，但是也希望客户能够在某些方面做出让步，以实现双赢。同时，要突出并强调彼此之间的共同点，而不要老是强调彼此之间的不同点。

你要放松下来，舒适地靠椅背坐，给客户一种没有威胁的感觉。但是，千万不要下意识地模仿客户挑衅性的姿势。

说话的语调要平和、缓慢，速度适中，声音要比平时小一点，使客户感到轻松自在。

如果客户因为听不懂你们讨论的重点而感到沮丧的话，讨论一定要暂停一下，问问客户是否有什么问题没有提出来。千万要记住，如果要责备的话，我们只能责备自己（千万不能责备客户，因为客户永远都是对的）。

最关键的是：无论发生了什么事情，我们都不能同客户进行争吵或强烈地否定某些事物。

3. 客户表示积极态度的肢体语言

下面是客户发出的积极的肢体语言：

客户微笑、点头或其他兴奋积极的脸部表情。

双手自然地放在桌子上，或者手势自然、友好；双脚突然不再交叉；手臂也不再交叉放在胸前；其他动作也轻松自然，表现出当事人的观念已经在改变。

拍一拍你的手臂、肩膀或背部，这样的动作表现出对你的温暖、友好、关心或同情的姿态。但是，需要注意的是，触摸行为表达出一种强烈的情绪，而且如果这种行为发生在男女之间，那么，这种行为反而会给人以一种不真诚或胁迫的感觉，从而使人难以接受甚至感到厌恶。

身体坐得靠近一点。这看起来好像是一种彼此之间的关系比较密切的信号。

在讨论的过程中，解开外套的扣子或者脱下外套，或直接卷起袖子，可能表示愿意接受他人的看法与建议。

客户坐在椅子的边缘，上身微微前倾，表现出一副渴望仔细倾听我们说话的样子；而其两腿却在桌椅下自然下垂，只用脚尖点地，这种姿势通常是客户已经准备签订购买合同或愿意同我们合作的信号。

如果客户专注地观看产品展示或产品示范，这将是一个好兆头，表示客户对我们和对谈话的内容有浓厚的兴趣。

头微微倾斜，这种姿势通常表示完全接受谈话内容。

两手缓慢地相互搓揉，看样子是等不及想买下来！

站着时，两脚张得很开，而双手又放在臀部上。

对于销售员来说，遇到一位心无偏见而又愿意倾听自己的产品展示说明的客户，真是一件令人愉快的事情。因为销售员都有遭受客户拒绝与反对或遭人白眼的心理准备，所以，如果自己受到客户的尊重与友好接待，销售员的感觉当然很好！

当然，比较典型的情况可能是，由于我们和客户之间已经建立了良好的关系，我们取得了客户的信任，此时，客户才会发出积极的肢体语言信号。而我们所谈内容确实引起了客户的购买兴趣或者真正解答了客户的疑惑与需求时，客户也会发出真正有兴趣购买的积极的肢体语言信号。

我们应有的反应是：

如果客户对我们销售的产品表现出极大的兴趣与热情，那么，我们也要表现出同样的热情，以使客户保持兴趣与热情，并使客户确信，如果他购买产品的话，他的决策一定是正确的。

如果客户赞美我们及公司或者销售的产品，此时我们要感谢客户，以便于客户继续谈论积极的事。

如果客户还在对你感兴趣，你不妨继续使用开放型的肢体语言，同时，使自己和客户更靠近一点。

4. 客户表示考虑的肢体语言

这方面的信号有：

坐在椅子上，身体会向前倾，不断地自言自语："嗯，嗯……"

客户目光呆滞或者两眼瞪视，通常是眼睛望着窗外或者是看着地板、墙壁或天花板，双眉紧锁，头一动不动。

客户看似在娴熟地擦拭着眼镜，而实际上根本就没有这样做。

客户双手交叉放在背后，低着头，肩膀下垂，两只眼睛紧紧地盯着地，装出一副沉思的样子。

客户不停地摆弄着自己的头发、胡须等。

客户慢吞吞地、若有所思地、反复地摆弄着某件物品以拖延时间。

客户的头下垂，双眼紧闭，一只手轻轻地抚摸着自己的鼻子，双唇相互摩擦，或者一只手轻松地抚摸前额。

客户的一只手托着下巴，手指置于脸的两颊，同时，轻轻地抚摸着脸颊……

我们应有的反应是：

实际上，客户真的需要一点喘息的空间进行思考。如果这样的话，客户可能会说一些积极的话，提出一些关切的话题或新的要求。

如果客户举棋不定——对做购买的决定犹豫不决，我们就要努力找出其中的原因。

我们要将本公司的产品或服务的主要优点整理出来，指出本公司的产品或服务优于竞争对手的产品或服务的质量与特性所在，强调一些老客户的满意保证。

同时注意，千万不要去打断客户的思路，客户在经过未受任何干扰的思考之后，可能会提出购买要求。

另外，让客户自己提出一些问题、要求或意见等，我们应该在事先有所准备，并且恰当地进行处理。

客户做出购买产品的决定后，我们要肯定地告诉客户，他做出的这个决定是完全正确的。同时，我们还要用真实的资料（统计数字、测试结果、示范、保证）来提高客户目前的兴趣，或者重新激发客户不那么强烈的购买欲望。客户需要的是感觉自己做出了正确的购买决定，而不仅仅是知道自己即将做出正确的购买决定。

5. 客户表示冷漠、无动于衷的肢体语言

漠不关心的肢体语言信号的表现为：

客户既不提出问题、做出解释，也不提出要求，以此来表示自己对销售员的话题不感兴趣。

目光呆滞，看起来像一个木讷呆板的人，或者看上去像一个睁着眼睛睡觉的人。

客户的整个身子都转到我们的另一边。

客户心不在焉地在笔记本上乱涂乱画，时不时地看看表，清洁手指甲等。

客户在下面各干各的，好像我们做的产品展示与自己无关似的，要不就是彼此间说笑话。

手指敲桌子、双脚不停地敲地板，或者拍打身上的某个地方，或者做出拿着笔玩之类的不耐烦的动作。

客户的双脚交叉，并且左右快速移动，或者有韵律地踢着。

客户在椅子上坐立不安，眼睛不愿意正视我们，反而是在不断地东张西望，试图寻找一些有趣味的事物。

由于各种原因，客户也许会对我们销售的产品或服务不感兴趣。其实，在大多数情况下，客户之所以会不感兴趣，主要是因为客户完全看不出我们推荐的产品或服务对他究竟有何帮助或好处。然而，不幸的是，很多销售员对客户谈的大多是一些没有意义的产品细节，或者是谈一些客户已经知道的内容，因而导致了客户的漠不关心。

我们应做的反应：

要善于运用其他客户成功使用本产品的实例进行说明，尽量描述曾为其他企业所带来的好处，以增强客户的信心。

我们还要注意为自己的销售演讲增添一点魅力，充满热情，避免单调。

如果我们发现客户看上去好像很疲惫，最好是先让其稍微休息片刻，以便使其重新集中精力，焕发活力。

6. 客户有意拖延时间的肢体语言

不集中精力倾听我们说话，阅读文学作品、日程表等。

反复阅读同一份文件。

客户头和眼皮下垂，双手托着下巴，好像整个人都瘫在椅子上，双腿向前伸得笔直。

客户在与我们讨论问题时不停地点头，同时，口中发出断断续续的“嗯”“哈”的声音，一直持续到访问结束。

我们应做的反应是：

要提出一些问题，并且运用良好的倾听技巧，让客户更多地参与到销售讨论中来。如果条件允许的话，在进行产品示范展示时，可以让客户亲自参与示范操作。一般来说，客户参与这种活动越多，对产品的兴趣就越大。

让客户觉得你很专业、很权威

作为一名合格的推销员，在推销中要始终把握主动权。引导客户按照我们的意图思考问题，我们必须完全控制场面，并在最后达成交易。

和一些客户做生意时，推销工作就像时钟一样精确，似乎我们和买主都在按部就班地回答一份笔试考题；而和另一些人在一起时，则需要我们更多地激发他们购买的愿望，这些人愿意购买，却又担心花冤枉钱。如果这时我们让推销失控、漫无目标的话，那就是玩忽职守；

如果客户紧张不安、迟疑不决的话，那就是我们没有能够向他们提供足够好的服务。

当一位能干的推销员出色地实施了这种控制技巧的时候，他就是为客户提供了优质服务；不仅如此，还能让客户欣赏这样的行为。

就像老师给学生讲课一样，推销员说："在过去几年中，保险业发生了很多变化。如果你不介意的话，我想花几分钟时间简单回顾一下我认为与你有关的情况……"以此作为开篇，他就可以接着解释客户能从人寿保险中得到什么样的好处，客户为什么应该购买分期保险，等等。"现在，让我告诉你一些重要的税率变化，我相信它对你有所帮助。"推销员接着说。

在随后的推销中，他又说："我想问你几个问题，以使我能更多地了解你，并且提出我的建议。"他的问题可能就像这样："你的工作性质是什么？""你的年收入大致是多少？""你对孩子的教育有什么计划？"或者"在过去的3年里，你看医生一般是出于什么原因？"

注意，在提问的时候，我们要启发客户轻松地对待你的问题。这种运用得当的控制技巧代表着一种高水平的专业推销能力。

我们必须事先充分了解自己的业务知识，否则客户就会明显地感到我们简直毫无准备。胸有成竹不仅可以令我们赢得客户的尊敬，而且有助于更好地掌握推销控制权。记住，人们只会更尊敬那些深谙本职工作的推销员。

举个例子来说，房地产经纪人不必去炫耀自己比别的任何经纪人都更熟悉市区地形。事实上，当他带着客户从一个地段到另一个地段到处看房的时候，他的行动已经表明了他对地形的熟悉。当他对一处住宅做详细介绍时，客户就能认识到推销员本人绝不是第一次光临那处房屋。同时，当讨论到抵押问题时，推销员所具备的财会专业知识也会使客户相信自己能够获得优质的服务。也就是说，当我们通过丰富的知识使自己表现出自身的权威性时，我们就能得到回报，而要想得到回报，我们必须努力使自己成为本行业各个业务方面敏锐的专家。

另外，我们要想使自己说出的话透出权威的气息，就不仅应当掌握产品知识，而且应当具备法律与税务方面的背景知识。因为推销产品常常会涉及很多问题，如合作者之间的买卖协议等，所以我们具备上述领域的知识和能力是至关重要的。尤其是面对一些精明的客户，他们更看重推销员的敏锐眼光，并且依赖于推销员的权威意见，从而决定怎样买、买多少。

那些专业知识精深的推销员一旦被认为是该领域的专家，那么他们的销售额就会大幅度增加。比如，医生依赖于经验丰富的医疗设备推销代表，而这些能够赢得他们信任的代表正是在本行业中成功的人士。

不管推销什么，人们都尊重专家型的推销员，这是毫无疑问的，每个人都愿意和专业人士打交道。一旦我们做到了，客户会耐心地坐下来听我们说那些想说的话。这也许就是创造条件，掌握销售控制权最好的方法。

因此一些推销员总是利用诱人的头衔把自己打扮成一个专家。他们的商业名片上没有“推销员”的字眼，却把自己称为什么咨询专家、管理员、顾问，等等。有时候，很多人，包括那些刚出道的推销员都在自己的名片上印着“经理”的头衔。当然，头衔本身并不代表着成功，虽然那些言过其实的证件能够让我们有机会踏进客户的门槛，但是客户发现我们到底知多知少只是一个时间问题。

有些时候，我们还能看到一位推销员领着上司再次去拜访客户。“这位是我们的地区总裁 ×× 先生，他想和你交换一些你可能感兴趣的意见。”这是一种“请来专家”的策略，客户也往往愿意听听专家的看法。如果来人名副其实的话，客户不仅愿意倾听，而且愿意做出购买决定。但是，如果来人徒有虚名的话，客户很快就会让他栽一个大跟头。

虽然我们都希望掌握推销主动权，但是绝不能表现得太明显，以至于让客户感到不舒服，甚至反感、厌恶。懂得了这一点，我们时不时说声“不”也就不是什么坏事。事实上，当我们说：“对不起，我没有那种设计。”同样能赢得几分信任，因为客户会认为我们直率。要是客户提出一种我们没有想到的选择，绝不要责怪和贬低他的意见，如果你这样做了，客户就会以为你在侮辱他、批评他的判断力和品位。

只要“不”说得恰当，客户常常会宽容地说：“没关系，也没什么大不了的。”但是要是你和他们发生争执的话，他们就会失控，本来是小事一桩，却可能弄得彼此很不愉快。

高明的谈判人员都深知这条教训，他们常常会假装被对方制服了，然后做出一副吃亏让步的样子。在推销中同样有这个问题。我们要让客户感到他们好像赢了几分，这样他们都能状态良好，感觉放松。相反，要是你老想压着对方，每次都只说“是”的话，他们就会想方设法胜过你。让他们说几句得意的话不仅无碍大局，而且能够使我们获得更多的信任票。所以，只要我们在恰当的时候说“不”，你就更有可能在成交之际让客户说“是”。

事实上，在未能吸引准客户的注意之前，推销员都是被动的。这时候，说破了嘴也是没有用的。所以，应该设法刺激一下准客户，以吸引对方的注意力，取得谈话的主动权之后，再进行下一个步骤。

使用“刺激法”固然可使对方较易产生反应，然而对推销员而言，这是冒险性相当高的推销方法，除非你有十成的把握，否则最好不要轻易使用它，因为刺激客户时，稍有闪失就会弄巧成拙，伤害到对方的自尊心，导致全盘皆输。

另外，我们还要注意，始终给客户一张笑脸，否则就收不了尾。对方越冷淡，我们就越以明朗、动人的笑声对待他，这样一来，我们在气势上就会居于优势，容易击倒对方。

第五章
说好开场白，然后才有然后

洽谈的第一句话说砸了，销售活动也就搞砸了。能否让客户从第一句话一直听到最后一句话，取决于客户对你是否产生好感。作为一个合格的销售员，应该在开始的几秒钟之内就抓住客户的心，这个时间越短，对你的销售活动将越有利。

登门销售中的吸引法则

生活中的销售员比比皆是，一家稍微大一点的企业，几乎每天都会有十几名销售员登门拜访。这种情况下，客户很容易会对销售员产生厌烦、抗拒心理。因此，如果想成为一名出色的销售员，你就要利用一定的销售技巧，在最短的时间内，抓住客户的注意力。

某地有一个销售安全玻璃的销售员，他的业绩一直都维持在整个销售区域的第一名，在一次销售员大赛的颁奖大会上，主持人问："你有什么独特的方法来让你的业绩维持顶尖呢？"他说："每当我去拜访一个客户的时候，我的包里面总是放了许多截成20厘米见方的安全玻璃，我随身也带着一个铁锤子，到客户那里后我会问他，你相不相信安全玻璃？当客户说不相信的时候，我就把玻璃放在他们面前，拿锤子往玻璃上一敲，而每当这时候，许多客户都会因此而吓一跳，同时他们会发现玻璃真的没有碎裂开来。然后客户就会说：'天哪，太难以置信了。'这时候我就问他们：'你想买多少？'一般来说他们都会和我签约，而整个过程花费的时间还不到一分钟。"

颁奖大会后不久，几乎所有销售安全玻璃的销售员出去拜访客户的时候，都会随身携带安全玻璃样品以及一个小锤子。

但经过一段时间，他们发现这个销售员的业绩仍然维持在第一名，他们觉得很奇怪。而在另一个颁奖大会上，主持人又问他："我们现在也已经做了同你一样的事情了，那么为什么你的业绩仍然能维持第一呢？"他笑一笑说："我早就知道当我上次说完这个点子之后，你们会很快地模仿，所以自那时以后我到客户那里，唯一所做的事情是我把玻璃放在他们的桌上，问他们：'你相不相信安全玻璃？'当他们说不相信的时候，我就把锤子交给他们，让他们自己用力来砸这块玻璃。"

看来，如果你能吸引到客户，销售的成功率就会大大提高，那么我们应该怎样做呢？

1. 在开场白上动动脑筋

为了吸引客户的注意力，在面对面的销售访问中，说好开场白是十分重要的。开场白的好坏，几乎可以决定一次销售访问的成败。换言之，好的开场白就是销售成功的一半。大部分客户在听销售员第一句话的时候要比听后面的话认真得多，听完第一句问话，很多客户就自觉或不自觉地做了尽快打发销售员上路还是继续谈下去的决定。因此，销售员要说好开场白，才能迅速抓住客户的注意力，并保证销售访问顺利进行下去。

销售专家们在研究销售心理时发现，洽谈中的客户在刚开始的30秒钟所获得的刺激信号，一般比以后10分钟里所获得的要深刻得多。在不少情况下，销售员对自己的第一句话处理得往往不够理想，有时废话甚多，根本没有什么作用。比如人们习惯用的一些与销售无关的开场白："很抱歉，打搅你了，我……"在聆听第一句话时，客户集中注意力而获得的只是一些杂乱琐碎的信息刺激，一旦开局失利，以下展开销售活动必然会困难重重。

抓住客户注意力的一个简单办法是去掉空泛的言辞和一些多余的寒暄。为了防止客户走神或考虑其他问题，在销售的开场白上多动些脑筋，开始几句话必须是十分重要而非讲不可的，表述时必须生动有力，声调略高，语速适中。讲话时目视对方双眼，面带微笑，表现出自信而谦逊、热情而自然的态度，一些销售高手认为，一开场就使客户了解自己的利益所在是吸引对方注意力的一个有效思路。比如：

“你知道每天只花几块钱就可以避免受到火灾、水灾和失窃所带来的损失吗？”保险公司销售员开口便问客户，对方一时无以回答，又表现出很想得知详细介绍的样子，销售员又赶紧补上一句：“你有兴趣参加我们公司的保险吗？我这儿有 20 多个险种可供选择。”

又如，某叉车厂销售员问搬运公司管理人员：“你希望缩短货物的搬运时间，为公司增加两成利润吗？”对方一听，马上对上门访问的销售员表现出极大热情。

在开场白中，销售员开门见山地告诉客户，提示你可以使对方获得哪些具体利益，如：“王厂长，安装这部电脑，一年内将使贵厂节约近 3 万元开支。”“胡经理，我告诉你贵公司提高产品合格率的具体办法……”这样的开场白肯定能够让客户放下手头工作，倾听销售员的宣传介绍。

2. 用奇言来吸引客户

销售员上门访问时有时出奇不意地讲一句话，往往能一下子抓住客户的注意力。

一位柜台前的销售员在卖皮鞋，他对从自己柜台前漫不经心走过的顾客说了一句：“先生，请当心脚下！”顾客不由得停了下来，看看自己的脚面，这时销售员乘机凑上前去，对客户热情地一笑，“你的鞋子旧了，换一双吧！”“这双鞋子式样过时了，穿着挺别扭的，我这儿有更合适的皮鞋，请试试看。”

还有，一位成功的销售商与客户洽谈交易，为了吸引对方的注意，他很喜欢用这样一句话来开始介绍他所销售的产品：“说真的，我一提起它，也许你会不耐烦而把我赶走的。”这时客户马上会被勾起好奇心，“噢？为什么呢？说说看吧！”

不用多说，对方的注意力已经一下子集中到以下要讲的话题上了。

满足需求或解决问题正是向客户出奇言的根本宗旨，客户在遇到困难的时候或在销售访问开始时就已经了解你可以帮助他解决问题的时候，往往采取比较合作的态度，乐意接受你的销售访问。

出奇言时，要掌握好时机、对象和语言的分寸，千万不要危言耸听，俏皮话也应少讲。可惜，有些销售员恰恰忘记了这一点，即使达到唤起注意的目的，也没让好戏再唱下去。如有一位初学销售的年轻人在卖帽子时试图出奇言而制胜，对一个秃顶的中年人，劈头一句就是：“哥们儿，瞧你这头发，稀稀拉拉的剩下几根，买一顶帽子戴上吧。”结果可想而知，他的销售愿望落空了。

3. 引用旁证来唤起注意

在唤起注意方面，销售员广泛引用旁证往往能收到很好的效果。

在香港，一家著名的保险公司销售经纪人一旦确定了销售对象，在征得该对象的好友某某先生的同意后，上门访问时他就这样对客户说：“某某先生经常在我面前提到你呢！”对方肯定想知道到底说了些什么，愿意听这位经纪人讲下去。

这样，销售双方便有了进一步商讨洽谈的机会，还有一例也颇能说明问题：

一位销售家用小电表的促销员向客户介绍产品时，总是这样开头的："我家还有我亲戚家安装的就是这种型号的电表，可省电啦！"

无论这笔生意是否谈成，但这样的宣传旁证在客户心目中会留下很深的印象，自然会对销售的产品引起注意。

引用旁证时，销售员还可以引用一些社会新闻。谈论旁证材料和社会新闻，首先应以新见长，最新消息、最新商品、最新式样、最新热点，都具有吸引注意力的凝聚能力。

这种方法不大适用于匆匆而过的客户，但对于一些老主顾，对诸如洽谈对手、办公室人员却有着相当的作用。

如果不能吸引客户的注意，那么你所有的销售工作都是徒劳的，所以在面对客户时，你要做的第一件事就是用最有效的方法让他们把注意力转移到我们身上。

轻而易举融化客户的冷脸

登门拜访时，销售员往往会遇到对方的冷遇、怠慢，有时少数顾客还故意安排秘书、助手挡驾，给销售员设置各种求见障碍。销售员怎样排除当面约见时顾客的消极态度，使双方的洽谈有一个良好的开端，是摆在每个销售员面前的一道难题。

下面具体介绍几种工作方法与应对技巧。

1. 把握时间法

美国有一位房地产销售员，在房地产生意兴旺发达的时候，他曾参加过一次销售大奖赛。当时他已进入决赛圈，但必须再做成一笔生意才能成功。

正在他为这笔交易着急的时候，他接到了一个电话。但是无论如何，这个人也不肯把自己的名字和电话号码告诉他。这使他有点绝望了，但他还是在顽强地争取。这位房地产销售员在电话中说：

“请问，我到您那儿去几分钟，见见您行不行？”

“绝对不行。”

“我能给您回电话吗？”

“我在一个电话亭里。”

“啊，对不起，先生。我不知道您是在电话亭里。您知道您的电话亭是在哪条街上吗？”这时汤姆急于抓住任何一根救命稻草。

“我看看，我猜是在 ×× 大街的街角。不错，我就在这里。”

“请您别挂电话，等 1 分钟，好吗？”

×× 大街离销售员的办公室不过两个街区，他放下电话，跑出去，跳上汽车，“呜”的一声开出去。汽车尖叫着急停在电话亭边，那个打电话的人正在那儿站着，把电话机举在耳边，耐心地等待着呢！

销售员走上前去用手敲了敲玻璃窗，用手势告诉他：“我来了。”

就这样，销售员赢得了那次销售大奖赛，他使那个人为他愉快地提供了一次再好不过的机会，使他在那次大奖赛中获胜。

2. 坦率请求法

既然销售员已和顾客直接见面，只要对方点头同意，拜见的目的就达到了。这时，约见的主要任务是为正式洽谈铺平道路，激发对方的兴趣，使顾客认识到购买的重要性。因此，面陈自己的请求时，销售员不管语气还是用词，必须坦率诚挚，中肯动听，避免与对方发生大声争辩。例如："我是得州艾克仪器仪表公司的销售员。今年我们公司研制开发了一种质量控制仪，专供丝绸纺织行业的厂家使用。目前全国已有200多个厂家采用，他们反映使用效果很好，可以减少次品率15%以上，并且安装简单，使用方便。所以，我很想把这种质量控制仪推荐给你们厂，现在您能否抽出半小时时间，让我给您详细讲解一遍吗？"这位销售员首先将自己的身份和自己的公司介绍给顾客，以使对方了解自己的用意。进而，他详细说明所推荐产品的性能、作用和功效情况，更使顾客了解上门目的，引起对方的足够关注。最后，这位销售员及时提出约见商谈的请求，可谓恰到好处，瓜熟蒂落，看得出这是一位有经验的销售员。

3. 简述大意法

采购大型的机械设备、高数额的原材料，顾客通常先委托他的部属，如秘书、助理等人员与销售员洽谈，而不是直接与销售员进行购销面谈。但常常部属人员并不是真正的买主，他们无权决定是否购买，所以销售员在与接待人员洽谈时，应面带微笑，先自我介绍单位名称，除非对方追问，通常不进一步应答，以免言多有失。他应一面强调与其上司，即真正的购买决策者面谈的必要性，一面只对自己的来意作概略陈述，而故意将重要的问题保留，待与决策者见面时再作详述。特别是在销售的一些关键问题上更应慎重，否则就很难与真正的顾客相见。在这种情况下，销售员可以这样说："米琪小姐，这种机床的性能和功效大致就是这样，规格品种则由贵厂自选，至于销售价格我想还是和萨德先生见面后，我们再一起商议吧。”在提出约见请求时，这位销售员用了“我们再一起商议”的说法，当然这不是不把业务助理放在眼里，而是平等参与共同协商，因此也就不会伤害对方的自尊心，愿意安排与上司见面的时间。另外，销售员避轻就重提醒对方，接待员也知道自己无权做出购买决定，也会马上将有关情况汇报给上级主管。一旦上司阅过资料，听完汇报，发觉尚有一些重要问题必须召请销售员当面说明，于是约见的机会就到来了。

4. 直陈利弊法

有些秘书和部属口齿伶俐、待人傲慢，往往借故推托不让销售员见到顾客本人，给上门拜访设置各种求见障碍，使得一些销售员的满腹希望化为泡影，特别是初次出马而经验不足的新销售员，只能放弃销售努力。销售员应利用这些助手、秘书、部属的一时心虚，微笑告诫提醒对方，以达到拜见主顾的目的。当接待人员故意设卡刁难时，销售员要用肯定而自信的语气告知对方：“我拜见你们老总的目的，正是要设法解决贵厂生产的收录机接收性能不稳、音质嘈杂的问题，若他知道我今天来拜访他而没有见面，事后他一定会十分懊悔，甚至会怪罪于你，与其如此，不如让我亲自找他谈一谈。”对方听完这话，深知事关重大，自己负不了责任，为了避免事后担当责任，常常会立刻安排自己的上司与销售员见面的。有时对方精明老练，继续追问来意，而销售员则顺水推舟，辗转逼近，直陈利弊得失，一方步步为营，一方节节退让，在一进一退之间，销售员将对方心中的疑虑一一冰释，直到与真正的主顾相见为止。

拜访的注意事项：

第一，表面上不要摆出“销售”的姿态

强调“绝不勉强客户购买”，通常，人无论自己需不需要，基于恐惧“被销售”的心理，第一个反应就是先拒绝了再说，因此一定要先将客户这种心理淡化处理掉。

第二，以做市场调研的措辞安抚客户的情绪

事实上的确有很多客户已购买了类似的商品，对于这种客户一定不要采取强迫销售的手法。

尤其是当客户有“被骗”或者对前一位销售人员有不满的情况时，这时一定会有一吐为快的冲动，多半会愿意打开门，这个时候对于客户的不满，销售员一定要有不为所动的气量，并且从中寻找再销售的空间！

作为一名销售员，你必须勇敢面对客户对你的消极、怠慢，并采取措施积极化解，只有做到了这一点，你才能在随后的销售中取胜。

精心说好你的第一句话

在销售活动中，我们与客户初次见面时，给予对方的第一印象最为关键。我们原本是两个萍水相逢的陌生人，要想在短时间内消除彼此之间的陌生感、拉近彼此之间的距离，就看你能不能说好“第一句话”。在与客户的交谈中，这第一句话也就是你的开场白。可以说，说好了开场白，你也就拥有了一把打开客户心扉的钥匙。

事实上，一个人碰到陌生人以后的第一个反应往往是关起心扉，然而他又渴望去了解探察对方。如果我们能够表现出爽朗善意、幽默的谈吐风度，对方便会逐渐了解到我们并非“来者不善”，从而谨慎地打开心扉。

有这样一个故事：

某报社往全国各地寄发了大量订阅单，预约期到了，可收回率却很低，于是他们又重新进行了一次全国性征订。这次在征订单上画了一幅漫画：负责订阅的小姐因为没有收到订阅的回音，正在伤心地哭泣。

这种销售可以说是高级的强迫销售，不但不会使客户反感，而且收效很好，理由就是它的含蓄和幽默。

幽默的人很容易打开别人的心扉，不但容易打动异性的心，也容易打动客户的心。因此幽默的个性能造就出情场高手，也能造就出商场高手。

幽默的语言有时能使局促、尴尬的销售场面变得轻松和缓，使人马上解除拘谨不安，它还能调解小小的矛盾。老舍先生曾经举过一个例子：一个小孩看到一个陌生人，长着一只很大的鼻子，马上叫了出来：“大鼻子！”如果这位先生没有幽默感，就会觉得不高兴，而孩子的父母也会感到难为情。结果陌生人幽默地说：“就叫我大鼻子叔叔吧！”这就使大家一笑了之。当然，幽默只是手段，并不是目的，不能强求幽默，否则很容易弄巧成拙。

朋友小赵在销售时，就使用了这样的幽默，结果恰到好处：

“您好！我是 XX 公司的赵俊凯。”

"喔……"

对方端详他的名片有一阵子后，慢条斯理地抬头说：

"两三天前曾来过一个某某公司的销售员，他话还没讲完，就被我赶走了。我是不会买你的商品的，所以你多说无益，我看你还是快走吧，以免浪费你的时间，同时也浪费我的时间。"

此人既干脆又够意思，他考虑得真周到，还要替小赵节省时间。

"真谢谢您的关心，您听完我的介绍之后，如果不满意的话，我拿头撞豆腐自杀。不管怎么样，请您拨点时间给我吧！"

小赵故意装得一本正经的样子，对方听了忍不住哈哈大笑说：

"哈哈哈，你真的要拿头撞豆腐吗？"

"不错，就像这样一头撞下去……"

小赵一边说着，一边比画着。

"好吧，你等着瞧吧！我非要你撞豆腐不可。"

"看来，我非要用心介绍不可啦！"

话说到此，小赵脸上的表情突然从"正经"变为"鬼脸"，于是，准客户不由自主地和他一起大笑。

上面这个实例的重点，就在设法逗准客户笑。只要你能够创造出与准客户一起笑的场面，就突破了第一道难关，并且拉近了彼此间的距离。

下面，我们再为大家介绍几种颇具特色的开场白，相信只要你能灵活掌握、灵活运用，就一定能够在与客户的交谈中收到立竿见影的奇效。

1. 攀亲认友

一般来说，对任何一个素不相识的人，只要事前做一番认真的调查研究，你都可以找到或明或隐、或近或远的亲友关系。而当你在与客户首次见面时，如果能够及时拉上这层关系，就能使对方产生亲切感，一下子缩短双方之间的距离。

三国时代的鲁肃就是一位攀亲认友的能手。他跟诸葛亮初次见面时的第一句话就是："我是你哥哥诸葛瑾的好朋友。"这一句话就使交谈双方心心相印，为孙权跟刘备结盟共同抗击曹操打下了基础。

无独有偶，美国里根总统访问上海复旦大学时，在一间大教室里，面对一百多位初次见面的复旦学生，里根总统的开场白就紧紧抓住彼此之间还算"亲近"的关系："其实，我和你们学校有着密切的关系。你们的谢希德校长同我的夫人南希，都是美国史密斯学院的校友呢。照此看来，我和各位自然也就都是朋友了！"此话一出，全场鼓掌。

短短的两句话就使一百多位黑发黄肤的中国大学生把这位碧眼高鼻的"洋"总统当成了十分亲近的朋友。接下去的交谈自然十分热烈，气氛极为融洽。你看，里根总统这段开场白设计得多么巧妙！

2. 扬长避短

人人都有长处，也都有短处。一般来说，人们都希望别人多谈自己的长处，不希望别人多谈自己的短处，这是人之常情。与客户交谈时，如果我们以直接或间接赞扬对方的长处作为开场白，就会使对方感到高兴，并由此对你产生好感，双方交谈的积极性也就可以得到极大的激发。反之，如果我们有意无意提及对方的短处，客户的自尊心就会因此受到伤害，就会感到扫兴，感到"话不投机半句多"。

日本作家多湖辉所著的《语言心理战》一书中记述了这样一件趣

事：被誉为“销售权威”的霍依拉先生的交际诀窍是：初次交谈一定要扬人之长、避人之短。有一回，为了替报社拉广告，他去拜访梅伊百货公司的总经理。一番寒暄之后，霍依拉突然发问：“您是在哪儿学会开飞机的？总经理能开飞机可真不简单啊。”话音刚落，总经理兴奋异常，谈兴勃发，广告之事当然不在话下，霍依拉还被总经理热情地邀请去乘他的私人飞机呢！

3. 表达友情

用三言两语恰到好处地表达你对客户的友好，或肯定其成就，或赞扬其品质，或同情其处境，或安慰其不幸，就会顷刻间温暖对方的心田，使对方油然而生一见如故、欣逢知己的感觉。

初次见面时交谈可以达到这种程度，跟从未见过面者电话交谈时适当地表情达意同样能使对方感动不已。

美国爱荷华州的文波特市，有一个极具人情味的服务项目——全天候电话聊天。每个月有近两百名孤单寂寞者使用这个电话。主持这个电话的专家们最得人心的是第一句话是：“今天我也和你一样感到孤独、寂寞、凄凉。”这句话表达的是对孤单寂寞者的充分理解之情，因而产生了强烈的共鸣作用，难怪许多人听后都愿意把自己的知心话向主持人倾诉。

4. 添趣助兴

其实，用风趣活泼的三言两语完全可以扫除客户的防卫心理，达到活跃气氛、增添对方的交谈兴致的目的。

要用三言两语就惹人喜爱、使人一见如故，功夫要花在见面交谈之前。在上面所讲的事例中，人们之所以能获得成功，除了拥有高超的语言技巧之外，无一不是在见陌生人之前就早已了解他的大概情况。

美国前总统富兰克林·罗斯福跟任何一位来访者交谈，不管是牧童还是教授，不管是经理还是政客，他都能用三言两语赢得对方的好感。他的秘诀就是：在接见来访者的前一晚，必定花费一定的时间去了解来访者的基本情况，特别是来访者最感兴趣的题目。这样，在见面交谈时就能有的放矢。

作为一个志在成功的销售员，我们切记、切记——一定要为自己精心设计一份开场白。说好它，你就能够赢得客户的好感，迅速拉近彼此之间的距离，甚至让他对你产生一见如故的感觉；说好它，就相当于为双方进一步的交往和交流开了个好头。

千万别忘了赞美客户

在销售的过程中，销售员一定不要忘记赞美客户，多给客户“戴高帽”，让他有一种飘飘然的感觉，这样一来你的销售很容易就会成功。当然，这“戴高帽”也要戴得恰到好处，还需要掌握一些技巧，身为销售人员的你，一定要多加注意才行。

常言道：“美言一句三冬暖。”几乎所有的销售员都懂得赞美客户的重要性，但理解并不等于会用。最令人难堪的“赞美”是有人对你说：“我早就知道你这个人……还可以！”这句话的本意是夸人人品不错，但效果却适得其反。“不错”“不坏”“不小气”“不丑”“不难看”“还可以”等都会产生类似的效果。既然要赞美，何不大方地说“挺好”“很棒”“非常大方”“很慷慨”“挺好看”呢？要是赞美对象实在沾不上“很”“非常”“挺”的边，说声“相当好”不是上佳的选择吗？肯定句会让人感到自己得到了好的评价。

当然，“戴高帽”虽好，也不能一味地滥用。比如一个女客户相貌平平，你如果说“你真是大美人啊”，这种夸张的“赞美”，对方不但不会领情，反而会大为反感。但是如果你发现她眼睛很有特点，说一声：“你这双眼睛又清澈又明亮，真美！”效果将大不一样。过度的赞美反而有害，特定而适度的赞美才是有效的。千万不要滥用赞美之词，会让人肉麻得起鸡皮疙瘩。

不管赞美什么，都是说给人听的。要是忘却了这一点，赞美就是无的放矢，毫无实效。

有一位销售人员曾经说，原先他以为“拍马”是拍拍马的屁股，让马感到很舒服，后来才知道“拍马”一词出自蒙古人。据说从前蒙古人的身份地位完全可以从他的坐骑看出，所以，当他们称赞一个人时，总是拍着他的马的屁股连声道：“好马！好马！”既然马是好马，那骑在马背上的主人自然是好汉了。

所以，赞美是给人听的，非要与人挂上钩不可。当一个销售人员到一个客户家里访问，首先会对客户的哪些东西进行赞美？

高明的销售人员会针对对方的能力大发感慨。如到客户家里拜访，说：“这房间布置得真别致，富有特色。”这是在赞赏客户的审美观。同样，对一个女孩子说：“这样的衣服穿在你身上，可真是有气质！”仍是欣赏对方的眼光。紧紧盯住对方的知识、能力、品位，赞美做到这一步，算是有一定的造诣了。

除了“你很勤奋”之类的一般赞赏外，恭维客户的“精明”，向客户“请教”等都是销售员常用的赞美绝招。

销售人员赞美客户，就是为了让对方获得良好的自我感觉。一个人的外表有美丑之分，能力有高低之别，这些都是难以求全的。但是一个人的心灵与其外貌、能力没有什么必然关系。明白这一点的销售员，会把赞美的目标转到对方的心灵。

“你开车这么稳，又谨慎，一看就知道你这个人做起事来也比较稳健，太好了！”

“你喜欢储蓄？好啊！谨慎，稳当。”

“你真是个热心人！”

“真没想到你这么细心！”

当你看到这段文字时，请你想象一下，如果有人对你说这样的话，你会有什么感觉？美国一个百科全书销售员是这样做的：当准客户露出一点点购买意向时，他立即把准客户的孩子们叫过来，对他们说：“知道吗？你们的爸爸非常伟大！为了让你们学好知识，现在就开始给你们准备最好的书。你们要记住，你们有一位真心爱你们的好爸爸！”客户被一种神圣的气氛所感染，成交自然是顺理成章的事了。这样的赞美高手，其功力已达到炉火纯青的地步。

“慷慨”“大方”“活泼”“有朝气”“豪爽”等词语可是百试百灵的灵丹妙药！

有些销售人员始终做不到当面赞赏客户，总觉得那样做太露骨。要是你有这种心理，不要着急，更不要改正，因为你具备了达到赞美最高境界的良好条件。最好的赞美不是赤裸裸的，直白的，而是拐弯抹角、迂回包抄的。当一个人转告他人的赞美时，不但心里坦然，而且赞美的权威性和效果也能达到最高境界。

“你们老总上回跟我说，你工作又快又好，你办事，他最放心。”

“你的员工们跟我说，你不但有魄力，而且特别宽宏大量，跟你干是跟对了！”

中国人不太习惯于当面赞赏人，因此，当一个销售人员向对方转告他或她没听过的背后赞美时，总会起到奇妙的作用。熟练地运用这种方法的销售员，其赞美功夫真可谓出神入化！

如果你觉得这样也说不出口，不要紧，还有一种更简单的方式，甚至开口都免了。销售员只需要用崇拜的眼神望着客户就行！若是做不到，那就退而求其次，只是专注地看着客户。

万一你连好好看客户都办不到，那只好用最后一招：请人签名。使用这一招时，最好预备与客户有关的书籍、报刊、照片，一时找不到东西的话，拿出一个像样的本子，请客户签个名也可以。销售员得动动脑筋，想出自己的签名簿的名称。索取签名的威力将大大出乎你的意料。

赞美客户也要掌握分寸

在销售过程中，适当地赞美客户，对于拉近双方情感距离是非常有好处的，接下来我们重点说一下赞美中“度”的问题。万事皆有其度，赞美更是如此，如果把握不好分寸，那么你的赞美就会起到反效果，一定要注意这一点。

有这样一位销售员，他看准女人都希望自己年轻这一点，见到女性即称呼“小姐”。一次遇到一位年逾五旬、气质高雅的女士，直觉告诉他这是一个准客户，于是十分热心地招待，频频称呼她为“小姐”。孰料这位太太觉得不妥，希望他改一下称呼，然而销售员仍然坚持要以“小姐”来称呼，并且用十分谄媚的语气说：“外表并不重要，只要内心保持年轻就好了。”

后来女士虽然不再表示意见，但心中不悦的情绪早已产生，拒绝与排斥的念头也开始在心中发酵。

虽然说礼多人不怪，但销售员以近乎拍马屁的态度去奉承每一个客户，将人与人之间的沟通技巧建立在取悦对方的逢迎拍马上面，这种做法其实是一种过度包装。

事实上，销售的技巧中虽然会用到一些称赞的语言，但若是运用不当，就会产生相反的效果。也就是说，在赞美对方时，首先要考虑到一个事实，那就是客户可以接受哪些称赞的话，倘若适得其反，不如不用。身为销售员，反应能力一定要快，当客户出现反感时要立即打住。

正确的赞美法是“真诚的赞美而不是谄媚的恭维”。不仅如此，还要掌握一定的技巧，如果赞美客户不审时度势，不掌握良好的赞美技巧，即使出于真诚，也会将好事变成坏事。在赞美客户时，以下技巧是可以运用的：

1. 因人而异。客户的素质有高低之分，年龄有长幼之别，因此要因人而异，突出个性，有所指的赞美比泛泛而谈的赞美更能收到较好的效果。成功的客户总希望人们能够回忆起其当年雄风，与其交谈时，销售人员可以将其自豪的过去作为话题，以此来博得客户的好感。对于年轻的客户不妨适当地赞扬他的开创精神和拼搏精神；对于商人，可以赞扬其生意兴隆，财源滚滚；对于知识分子可以赞扬其淡泊名利、知识渊博，等等。当然所有的赞扬都应该以事实为依据，千万不要虚夸，否则很容易引起客户的反感。

2. 真实具体。在和客户的交往中，发现客户有显著成绩的机会并不多见，因此我们要善于发现客户哪怕是最微小的长处，并不失时机地予以赞美。一般来说，赞美的语言越翔实具体，说明我们对客户越了解，让客户感觉到我们的真挚、亲切和可信，距离自然会越拉越近。试想，如果只是很含糊其辞地赞美客户，说客户很出色或者很优秀，就很难引起客户对我们谈话内容的关注，有时候还会引起客户的猜疑。

3. 真诚为本。虽然每一个人都喜欢听赞美的话，但是如果我们的赞美并不是基于事实或者过分夸张，就很难让客户相信我们，甚至客户会认为我们在讽刺他。比如一个其貌不扬的妇人，我们若是硬要夸她美若天仙，就很可能遭到对方的反感。而一旦客户发现我们说了违心的话，他们就会认为这个销售人员是不可信的。因此，赞美必须出于真诚。如果你实在找不到客户可以赞美的地方，赞美其所喜爱的事物和人，也不失为一种赞美对方的好方法，比如赞美客户的孩子聪明伶俐等。

另外提醒大家，我们在赞美客户时，还要注意以下几个方面：

1. 不要一味吹捧。不是出于真心，只是为了取得客户的好感，一味地迎合奉承，不但会降低客户对你的尊重，也容易引起客户的反感。拍马屁一旦拍到马腿上，结果就不好了。

2. 赞美不要太俗气。赞美要有独特性，如果一概笼统地见到男士就称潇洒干练，见到女士就夸年轻美丽，就没有什么特点，因为人人都会这样说，所以赞美要尽量具体。

3. 过分夸大没好处。赞美一定要把握好分寸，一旦与事实严重不符，反而会适得其反。比如一个人个头儿比较矮，你偏偏夸他高大威猛，不但起不到赞美的效果，反而会让客户认为你是在讥讽他。

4. 不要“捧”得过高。销售过程中，我们的赞美要适可而止，赞美过度，一则容易让客户感到你是在有意为之，另外如果我们将客户“捧”得过高，会增加客户的自大心理，感到飘飘然，反而会降低对我们及我们所要销售商品的重视，我们赞美客户的目的不只是让客户高兴，更重要的是让客户购买我们的商品，不要本末倒置。

5. 做作的赞美惹人烦。赞美出自内心，重要的是要自然而然地表露出来，不要生硬做作，要做到这一点，我们要勤于观察，善于找到可以赞美客户的机会。如果实在没有可以说的话题，不如不说，否则会自寻烦恼。

总之一句话，赞美客户时最重要的就是把握分寸，你对客户的赞美应该是自然的、不露痕迹的，这样你的赞美才能发挥最好的作用。

对不同客户，要有不同策略

在销售过程中，我们不可避免地要和不同性格的人打交道，对不同的客户要采取不同的谈话技巧，这样才能与各种客户良好沟通。

下面我们就举出一些类型的客户分析一下：

1. 滔滔不绝型

对于销售人员而言，喜欢讲话的客户其实是一种非常难缠的对象。拜访他们的时候，他们高兴起来讲话就如同黄河之水滔滔不绝，这样，我们停留的时间会比预定的长很多，结果一天里能够访问到的客户便减少了。如果你主动告辞的话，就会被客户认为服务不周而遭到责怪。因为你此时告辞往往会在客户兴头上打断他的话题，所以大部分的销售人员，均视如何向能言善道的客户告辞为一大难题。

不管怎么说，爱讲话的客户比起不爱讲话的客户来，容易应付多了。这种喜欢和销售员攀谈的客户，又可区别为两种类型，一种想利用他的口才来赶跑销售员，另一种是天生就是好说话的个性。

前者乃是有意地拿“讲话”做挡箭牌，使销售员全神贯注地听，分身乏术。由于销售员仍然充满热诚，使得客户认为已经把销售员弄得糊里糊涂而加以攻击。对付这样的客户，我们可以在他的言谈中找出客户的矛盾、误解、欲望来，用简洁的方式问他原委，多少可促使事情明朗化。

假使客户说的话最后带有疑问句，表示他话中有弦外之音。用这种方法，多半能够成功地发掘其中的实际问题，适用于爱说话与不爱说话两种极端的类型。

2 犹豫不决型

对于办事犹豫不决的客户，我们注定要在他们身上花很多时间，但是你必须认清一点，谈不成生意，责任不在客户。尤其年岁的大小，也会使某些客户裹足不前，像年纪轻的人，比较缺乏判断力，需要有人从旁鼓励，帮他做决断，当你要诱导这些客户时，可以采用指导晚辈或部下的方法，一一指点说明，如此在谈话的过程和技巧中，也可以让你学习如何去领导他人，这也是你必须学习的一面。

犹豫不决的客户，有时并非天性如此，倒是对于那些自尊心特别强、优越感和自我表现的欲望也很大的客户，如果你当面指责客户讲话矛盾或错误，当然是不易为客户所接受的。

为了要知道客户究竟懂多少，可以用一小部分专门的问题来问他，以保险为例，我们可以说：“理赔响应滞后，到底是什么原因呢？”如果客户能够很流利地回答这类专业问题，当然显示他懂得不少，你可以照他懂的程度来应付。

相反地，如果客户的回答是：“啊！我想也许……意思是……就是，总而言之，你们的服务的确不错。”像这种答案，无论是谁听起来，都知道对方的知识有限，但是销售员却不可以马上露骨地表示出来，必须帮他答下去：“对，就像你说的。就是……”

先要称赞一下客户的了解程度，然后再向他说明，这也是应付这一类型客户的方法。

3. 风风火火型

对于很忙碌的客户，或看起来很忙的客户，洽谈时除了寒暄一番外，就该立刻谈到正题。话虽是这么说，但是真正忙碌和看起来忙碌的人，在实质意义上是不同的，所以讲话的方式也要因人而异。这时，就像是碰到不喜欢开口的客户一样，你必须先设法探听出他喜欢什么、关心什么等，在谈到正题之前，先跟他聊聊天，如果看苗头不对，就该立刻谈到正题，如此先谈结论，再谈理由，也可以给忙碌的客户一个好印象。

“我只花你 7 分钟的时间。”当你谈到 7 分钟时，再看看客户的“脸色”，如果客户面露喜欢的模样时，你再说：“我再谈几分钟就好。”然后当你谈到几分钟后，可以反问客户：“你还有什么不清楚的地方，需要我向你解释的吗？”就利用这种方式，静候客户的发言。

记住，这时应特别注意拖延时间的说话技巧，绝不可以讲 4 分钟、6 分钟和 10 分钟，因为双数给人的直觉反应就是很多，这样会使客户怀疑你要讲很久，若用单数，让客户心里存着 5 分钟、7 分钟的观念，他会觉得费时不多，就会安心地听下去。等他心理发生了这种微妙的变化后，你再观察他的表情，如果他还有继续听下去、有了解商品的意愿时，你就可以把说明书或样本递过去，再诚恳地问他：“你还有什么不清楚的吗？”

若遇到性急的客户连珠炮似的发问时，我们一定要先听清楚对方的问题，等把产品拿出来时，可以不必按照对方问话的次序，向他说明使用的方法和好处，同时在这种情形之下，你也可以对他说句："请你稍等一下。"然后再慢慢地向他解说。

当你把客户的注意力引到你的话上时，要尽量说明你所认为要紧的理由，如果销售员本身的行动和说服力不够机警和清楚的话，反而会使客户听得不耐烦，以致生意谈不妥，这时销售员最好长话短说，多用动词，少用形容词，言语简短有力，态度举动也要有分寸。

4. 挑剔苛刻型

销售过程中，你可能会碰到专门爱跟别人斗嘴理论或瞎扯的客户。这种人不论什么事，总爱批评别人几句，如果事情迎合他的口味，就会怡然自得。通常这种人的脸型，是属长型或正方形的居多。因为这种人喜欢理论，如果我们说的话不合他们的胃口，他们就会讨厌我们，这种人还有个特征，就是对有权威的人所讲的话会表示不屑的态度，且还会用诡辩式的三段论法，使我们无法接近他。

对付这样的人，我们可以这样说：

"是的，你讲的话的确很有道理，这也不是我们所比得上的，但是这种产品，是我们公司新推出的，也许你知道，XX 界的权威人士王博士，就曾经在对我们的产品进行研究后，称赞不绝。"

理论上，我们能够提出权威证明，对方也比较能接受。就算你知道客户是在诡辩，也不可以指责或点破对方，可以一方面表示说不过他，另一方面最好是设法改变话题，从其他方面再跟他谈论下去。

5. 高傲冷漠型

此类客户多半不通情理，轻视别人，凡事自以为是，自尊心强，不善与他人交往。这类客户的最大特征就是具有坚持到底的精神，比较顽固，他们不易接近，但一旦建立起业务关系，便能够持续较长时间。

由于这种类型的客户个性严肃而灵活性不够，对产品的各项内容和交易条件会逐项检查、审问，商谈时需要花费较长时间，我们在接近他们时最好由熟人介绍，这样效果最好。对这种客户，有时候我们用尽各种宣传技巧之后，所得到的依然是一副冷淡、傲慢的态度，甚至是刻薄的拒绝，必须事先做好思想准备。

碰到这种情况，我们也可以采取激将法，给予适当的反击，如说上一句："别人老是说你爽朗大方，今天你却让我大失所望，到底是怎么回事？"如此这般以引起对方的辩解表白，刺激对方的购买兴趣和欲望，有时反而更容易促成销售交易。

6. 顽固精明型

这种客户也是最难对付的类型之一，在与销售人员面谈时，先是固守自己的阵地，并且不易改变初衷；然后向你索要产品说明和宣传资料，继而找借口拖延，还会声称找另外的公司购买，以观察我们的反应。

倘若我们是初次上门，经验不足，便容易中其圈套，因担心失去客户而主动降低价格或给予对方更优惠的成交条件。所以针对这类圆滑老练的客户，我们要预先洞察他的真实意图和购买动机，在面谈时造成一种紧张气氛，如产品数量有限、不久就要涨价、已有人排号等候等，使对方认识到只有当机立断做出购买决定才是明智的举动。对方在如此"紧逼"的气氛中，我们再强调购买的利益与产品的优势，加以适当的"利诱"，如此双管齐下，客户也就没有了纠缠的机会，失去了退让的余地。

由于这类客户对销售员缺乏信任，不容易接近，他们又总是以自己的意志强加于人，往往因区区小事与你争执不下，因而我们事先要有受冷遇的心理准备。

在洽谈时，他们可能会毫不客气地指出我们产品的缺点，且先入为主地评价我们和我们的公司，所以在上门走访时，我们必须准备足够的资料和佐证。另外，这些客户往往在达成交易时会提出较多的额外要求，如打折扣等，因此销售员事先在价格及交易条件方面要有所准备，这样才能避免无功而返。

7 沉着冷静型

这种客户严肃冷静，遇事沉着，不易为销售员的口才和广告宣传所影响，他们对销售人员的建议认真聆听，有时还会提出问题和自己的看法，但不会轻易做出投保决定。沉着冷静型的客户对于第一印象恶劣的销售员绝不会给予第二次见面机会，而总是与之保持距离。

面对此类客户，我们必须对自己的产品了然于心，谨慎地应用层层推进引导的办法，多方分析、比较、举证、提示，使客户全面了解利益所在，以期获得对方理性的支持。与这类客户打交道，销售建议只有经过对方理智的分析思考，才有被客户接受的可能；反之，拿不出有力的事实依据和耐心地说服讲解，销售是不会成功的。

8. 沉默寡言型

对于我们而言，最难应付的客户，就是不讲话的客户。

大凡客户不爱讲话，有下列几种原因：

客户认为一旦讲了话，恐怕有鼓励人家劝自己购买产品的疑虑，所以还是不说话为妙；

不讲话时，不容易让人家知道自己的深浅，因而生就了一副不爱说话的脾气；

因为讨厌对方，所以不讲话；

不知说什么样的话比较好。

事实上，这种不爱说话的客户并非绝对不开口，只要有适宜的开头和相当的情绪，他也能讲得很开心，我们应该针对客户开心的事去征询他的意见，就可以让客户愉快地谈话了。

总之，人与人是不同的，所以对各类客户做好事先研究是十分必要的，只有了解了他们的脾气，并采取相应的策略，我们才能把握住这些客户。

第六章　话术：有逻辑地说服客户

销售是面谈交易，销售员的终极目标是说服客户签单。说什么，怎么说，这是问题的关键所在。如果你想成功完成销售，就一定要按下客户的心动按钮。销售员如何才能在销售活动中使顾客口服心服，自愿掏出钱包，关键在于四个字：心理驾驭。

销售电话，你不一定会打

电话营销是一种非常普通而有效的营销手段。电话销售说起来简单，但做起来却不那么容易。也许你觉得：不就是打几通电话吗？多么简单的事！其实打电话销售是一件技巧性非常强的工作，从这个角度来说，你还真不一定会打电话。

形体语言和面部表情为我们与别人进行面对面销售提供了一些帮助，但是在打电话时，我们却失去了这些视觉方面的帮助，而纯粹依靠我们使用的语言。因此，我们应该像塑造我们的销售形象一样，塑造我们打电话时的形象。说话使用的词汇、语音和语调都能帮助我们传递信息，并有助于我们抓住语言背后所蕴含着的说话人的状态和情绪。

作为一名销售员，你一定要注意下面这些打电话技巧：

1. 说话时略带微笑能使你的语调更加动听。可以在打电话时看着在镜子里的自己，注意不要阴沉着脸，客户能够“听”出你的情绪；

2. 如果想宣传某个主张，可以站起来说，这样语气更有力而热情；

3. 在打电话前先罗列一下要点，然后看着电脑里或手上的要点清单打电话；

4. 养成一种在12小时之内一定回电话的习惯；

5. 当你和某个人谈话时，尽量不要接其他人的电话；

6. 当你打电话时，尽量不要和屋里的人说话；

7. 挂电话时不要嗲声嗲气地说“再见——”，也不要矫揉造作，除非你和电话那边的人很熟并有着共同的幽默感；

8. 俗话说，好记性不如烂笔头。对重要的电话号码，不管你自认为自己的记性有多好，都不要试着用脑子去记，总有一天会搞混了记不清的；

9. 要有原因地打电话，不要只是为了聊聊天；

10. 要想给对方留下好印象，就不要在结束前还在谈论着另外一个人。

而下面这些问题也是必须注意的：

1. 不要让你的电话响铃超过三声而使得打电话的人等待（或挂电话）。

2. 报上你的名和姓，让对方知道接听电话的人正是他要找的人。

3. 自己的电话最好由你亲自接听。如果你必须由某人为你接别人打入的电话，应该指示那个人做得有策略些。先问“请问你是谁？”然后回答说：“噢，是这样的，某先生（女士）不在。”这是一种拙劣的做法。相反，你的助手应该首先说某先生（女士）不在，然后再问是谁打来的电话。

4. 往外打电话时，应该先说明你是谁。如果你的电话被转接，则应该向接分机的任何人重复一次你的姓名。

5. 在你开始没完没了地讲话之前，应该问一句：“这时候给你打电话是否合适？”

6. 假如你的通讯因故中断，拨叫方有责任重新拨通对方的电话。

7. 假如你不能在二十四小时之内回别人的电话，应该让另一个人代你回复。

8. 假如你打算离开办公室到外地去度长假，可以让你的语音信箱把有关信息告诉打入电话的人。

另外，在打电话时，销售员还应注意以下几个要点：

1. 永远不要比客户先挂电话

销售员工作压力大，时间也很宝贵，尤其是在与较熟的客户电话交谈时，有时没等对方挂电话，自己就先挂了，客户心里肯定不愉快。记住，永远要比客户晚放下电话，这也体现了你对客户的尊重。如果实在有事，那么就要礼貌地说：“王总，没什么事我先挂了。”

2. 不要在与客户交谈中接电话

销售员什么都不多就是电话多，在与客户交谈中没有电话好像不可能。不过我们的大部分销售员都很懂礼貌，在接电话前应在形式上请对方允许，一般来说对方也会大度地说没问题。但我告诉你，对方在心底里会嘀咕：“好像电话里的人比我更重要，为什么他会讲那么久？”所以销售员在与客户通电话时，应不再接电话。如打电话的是很重要的人物，也要在接了后迅速挂断，等本次交谈结束后再打过去。

3. 多对客户说“我们”

销售员在说“我们”时会给对方一种心理的暗示：销售员和客户是在一起的，是站在客户的角度想问题的，虽然它只比“我”多了一个字，但却多了几分亲近。北方的销售员在南方工作就有一种优势，北方人喜欢说“咱们”，南方人习惯说“我”。

4. 养成记笔记的习惯

在对话中随手记下时间、地点和客户姓名头衔；记下客户需求；答应客户要办的事情；拜访的时间；也包括自己的工作总结和体会。对销售员来说这绝对是一个好的工作习惯。还有一个好处就是当你虔诚地一边做笔记一边听客户说话时，除了能鼓励客户更多地说出他的需求外，一种受到尊重的感觉也在客户心中油然而生，这样，你接下来的销售工作就会很顺利了。

5. 给客户留下反应的时间

这一点我们一些年轻的销售员可能不太注意，他们思路敏捷、口若悬河，说话更是不分对象像开机关枪般快节奏，在这种情况下，如果你的客户是上年纪、思路跟不上的，那么他根本不知道你在说什么。

当然，打销售电话的技巧和要注意的问题还有很多，你必须在销售过程中一点点摸索总结。

想办法把客户的兴趣勾出来

俗话说“买卖不成话不到，话语一到买三卖”，可见销售的关键是说服，但如果我们与客户的商谈缺少趣味性和共通性，那么销售的成效就会大打折扣。因此，作为一名销售员，我们必须懂得迎合客户的兴趣，投其所好。

兴趣是销售成败与否的关键因素。兴趣，对销售员和客户来说同等重要。没有兴趣，一切事情都无法顺利完成。因此，在销售中，激发客户的兴趣显得尤为重要。

山姆在纽约经营一家高级的面包公司，他一直想把自己的面包销售到纽约的一家大饭店。他一连三年给饭店经理布林先生打电话，甚至会长时间住在饭店里，以求谈成生意。而不管山姆怎样努力，布林先生却从未把心思放在山姆公司的产品上，山姆百思不得其解。后来，他终于找到了问题所在，立即将以往策略通通改变，开始去寻找布林先生感兴趣的事情。

山姆发现，布林是一个名为“美国旅馆招待者”组织的骨干成员，最近刚刚当选为主席。于是，他再次拜访布林时，就与他大谈“美国旅馆招待者”组织。布林先是有些吃惊，然后就与山姆热情地交谈起来。话题自然都是有关这个组织的。谈话结束后，布林还给了山姆一张该组织的会员证。

这次谈话中，山姆根本就没有谈到有关面包的事。但几天之后，饭店的厨师给山姆打来电话，要求看看面包的样品和价格表。

投其所好，是销售中的重要策略，一次简单的谈话，就可以将耗时三年都没有进展的事情，轻易地解决了。

投其所好，对对方最热心的话题或事物表示出真挚的热心，巧妙地引出话题后，要多多应和，表示赞同。

乔·吉拉德对这一点感触很深。有一次，乔·吉拉德花了将近一个小时才让那位客户下定决心买车，然后，乔·吉拉德所要做的只不过是让他走进自己的办公室，签下一份合约。

然而，当那位客户走进乔·吉拉德的办公室时，他开始兴致勃勃地讲起他将要进曼联队的儿子。而乔·吉拉德心不在焉，望着别处。后来，那人意识到乔·吉拉德忽视了他所讲的话，便决定不买车了。乔·吉拉德回家后苦思冥想了一整天，终于明白了客户离去的原因。那是因为对方在说“儿子”时，乔·吉拉德都在念叨“车子”，他完全忽略了对方的兴趣。不过，幸亏他及早明白，经过一番努力又重新追回了客户。

从上面的例子中可以看出，激发客户的兴趣确实是成功销售的重要因素，那么激发客户兴趣的方法有哪些呢？

1．幽默

幽默是具有智慧、教养和道德上的优越感的表现。在人们的交往中，幽默更是具有许多妙不可言的功能。幽默的谈吐在销售场合是必不可少的，它能使销售中严肃紧张的气氛顿时变得轻松活泼，它能让人感受到说话人的温厚和善意，使他的观点变得容易让人接受。

幽默能活跃交往的气氛。在销售各方正襟危坐，言谈拘谨时，一句幽默的话往往能妙语解颐，使来宾们开怀大笑，气氛顿时活跃起来了。

幽默的语言有时使人立即解除拘谨不安，能使局促、尴尬的销售场面变得轻松和缓，它还能调解小小的矛盾。

幽默在销售中还被用来含蓄地拒绝对方的某种要求。美国前总统罗斯福在当海军军官时，有一次一位好友向他问及有关美国新建潜艇基地的情况，罗斯福不好正面拒绝，就问他：“你能保密吗？”“能！”对方答道，罗斯福笑着说：“你能我也能！”对方一听也就不再问及此事了。

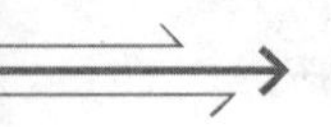

2. 讲故事

讲故事也是引发客户兴趣的一种方法。如果你把故事讲得很精彩，那些极其爱好探究人类问题的潜在客户也会听得津津有味。将故事讲得精彩是一门艺术。有些销售员能将故事讲得生动有趣，而另一些人的冗长乏味会烦得你要哭出来。拖沓、离奇、平淡的故事对你的生意成交起不到丝毫作用。有特色、有风格的故事才能给我们的听众带来笑声。

3. 精彩演绎

对于成功的销售员来说，一种类似于演员的本领必不可少。很多时候，我们必须把一些平淡无奇的话变得极富感染力，这可以在很大程度上营造出欢娱的氛围。

彼德·沃克是来自纽约的很受欢迎的一位演员，他在可口可乐的广告片中名声大振。他说："关键的一点是要让你所扮演的角色有可信度、有趣味性。我那样做过后，广告中所宣传的产品就非常完美了。"

虽然销售员不是演员，但你必须向演员的角色靠拢，这是形象的创造，是提升客户兴趣最好的途径。实际上最成功的销售员往往如同演员一样，遵循着一个共同的原则，即排演再排演。

直戳客户心中的“樱花树”

可以这样说，客户如果决心买一种产品，那么一定是这个产品有吸引他的地方，如果我们能够找出客户所关心的那个利益点，也就是常说的，客户购买产品的主要诱因，那么我们的销售一定会进行得更顺利。

在中国台湾的销售界流传着这样一个故事：

有一位房地产销售员，带一对夫妻进入一座待出售的房子时，太太发现这房子的后院有一棵非常漂亮的樱花树，而销售员注意到这位太太很兴奋地告诉她的丈夫：“你看，院子里的这棵樱花树真漂亮。”当这对夫妻进入房子的客厅时，他们显然对这间客厅掉漆的地板有些不太满意，这时，销售员就对他们说：“是啊，这间客厅的地板是有些掉漆，但你知道吗？这幢房子的最大优点就是当你从这间客厅向窗外望去时，可以看到那棵非常漂亮的樱花树。”

当这对夫妻走到厨房时，太太抱怨这间厨房的设计不合理，而这个销售员接着又说：“是啊，但是当你在做晚餐的时候，从厨房向窗外望去，就可以看到那棵樱花树。”不论这对夫妻走到哪个房间，不论他们指出这幢房子的什么缺点，这个销售员都一直重复地说：“是啊，这幢房子是有许多缺点。但您知道吗？这房子的最大优点是其他房子所没有的，那就是您从任何一间房间的窗户向外望去，都可以看到那棵非常美丽的樱花树。”在整个销售过程中，销售员一直不断地强调院子里那棵美丽的樱花树，他把这对夫妻所有的注意力都集中在那棵樱花树上了，当然，这对夫妻最后买了那座带有樱花树的旧房子。

我们所销售的每种产品以及所遇到的每一个客户，心中都有一棵“樱花树”。而我们最重要的工作就是在最短的时间内，找出那棵“樱花树”，然后将客户所有的注意力引到那棵樱花树上，那么客户就自然而然地会减少许多抗拒。

举例来说，一个销售最新电脑财务软件的销售员，必须非常清楚地了解客户为什么会购买他的软件，当客户购买一套财务软件时，他可能最在乎的并不是这套财务软件能做出多么漂亮的图表，或是哪个知名企业用上了这套软件。他们最主要的目的可能是希望能够用最有效率的方式，得到最精确的财务报告，进而节省更多的开支。所以，当我们向客户介绍软件时，如果只把注意力放在解说这套财务软件如何使用、介绍这套财务软件能够做出多么漂亮的图表上，可能对客户的影响并不大。如果你告诉客户，只要花 1500 元钱买这套财务软件，贵公司每个月就可以节省 800 元钱的开支，或者增加 3000 元的利润，客户马上就会对这套财务软件产生兴趣。

一般来说，客户在购买某种产品的时候，都有一个最重要的购买诱因，同时也有一个最重要的抗拒点。因此我们的主要工作，就是找出客户购买此种产品的主要诱因是什么，以及客户不购买这种产品最主要的抗拒点是什么。如果能够找出这两点，把自己所有的注意力都放在客户了解并且相信这种产品所能够带给他们的利益点上，并且有效地消除他们购买产品的主要抗拒理由，那么客户就会购买我们的产品。

客户购买产品最主要的抗拒点有很多，这些抗拒点可能是我们产品的价格，可能是我们的售后服务，可能是我们的竞争者，也可能是不喜欢我们这个人等等。

在销售过程中，我们应该把大部分的注意力放在找出客户的需求和我们的产品能为客户提供什么上，从而尽可能地找出客户购买这种产品最主要的诱因和抗拒点。

依据销售中的 80 / 20 法则，我们的产品所具有的优点可能有 10 项，而真正能够吸引客户的可能只有其中的一项或两项。所以我们必须花费 80%以上的时间详细地解说产品的这一项或两项优点，并让客户能够完全地接受与相信，那么我们对于客户的说服力也就相对增加了。

优秀的销售员都知道，最简单有效地找出客户主要购买诱因的方法是通过敏锐的观察以及提出有效的问题。比如我们可以问客户 ："如果你愿意购买这种产品，那么请问你想购买的主要原因是什么？"另外一种方法也能有效地帮助我们找出客户的主要购买诱因。这个方法就是询问曾经购买过我们产品的老客户，很诚恳地问他们 ："先生，请问当初是什么原因使您愿意购买我们的产品？"或"请问当初您之所以购买这种产品，最吸引您的是什么？"当你将所有老客户的主要的一两项购买诱因找出来后，再加以分析，就能够很容易地发现他们当初购买产品的那些重要的利益点是哪些了。

能让客户说“是”，事情就好办了

在销售的过程中，如果你能让客户持续说“是”，那么你的销售很可能就会成功，就是说如果你能找到让客户说“是”的话题，那么就可以大大提高你的成交率。

世界著名销售员原一平在销售保险时，总爱向客户问一些主观答“是”的问题。他发现这种方法很管用，当他问过五六个问题，并且客户都答了“是”，再继续问保险上的知识，客户仍然会点头，这个惯性一直保持到成交。

原一平搞不清里面的原因，当他读过心理学上的“惯性”后，终于明白了，原来是惯性化的心理使然。他急忙请了一个内行的心理学专家为自己设计了一连串的问题，而且每一个问题都让自己的准客户答“是”。利用这种方法，原一平缔结了很多大额保单。

其实，这种方法一直是销售高手的成交绝技。

假设在你销售产品前，先问客户 5 个问题，而得到 5 个肯定的答案，那么接下来，你的整个销售过程都会变得比较顺畅。当他和你谈产品时，还不断且连续地点头或说“是”的时候，你的成交机遇就来了，他已形成一种惯性。每当我们提一个问题而客户回答“是”的时候，就增强了客户的认可度，而每当我们得到一个“不是”或者任何否定答案时，也降低了客户对我们的认可度。

在销售过程中，平庸的销售人员经常被一些突如其来的问题弄得目瞪口呆，败下阵来，有的甚至一上场就被客户拒绝。其实，只要你牢记你的目的，预先堵住可能造成麻烦的漏洞，创造一种安全的销售气氛，主导整个沟通过程，那么你的销售就很可能会取得成功。

让我们来看看销售人员最怕、最头疼的三句话：

辛辛苦苦地谈完了，好不容易说服了对方，却突然听到对方说一句：“不错不错，我要跟太太商量商量！”

不断地转换角度想促成交易，对方仍淡淡地说：“对不起，我还要考虑考虑！”

历尽艰辛成交了，墨迹还没有干，客户突然说：“我的想法变了，我要求解约！”

优秀的销售人员却可以让这些话通通消失，秘诀就是尽量避免谈论让对方说“不”的问题。而在谈话之初，就要让他说出“是”。销售时，刚开始的那几句话是很重要的，例如：

“有人在家吗？我是 ×× 公司的，是想向您介绍一些我们公司的 XX 产品，相信它一定对您大有用处……”“×× 产品？哦对不起，我已经买过了，暂时还没有新的打算。”

很显然，对方的答复是“不”。而一旦客户说出“不”后，要使他改为“是”就很困难了。因此，在拜访客户之前，首先就要准备好让对方说出“是”的话题。

例如，对方一出现在门口，你就递上名片，表明自己的身份，同时说：“在拜访你之前，我已看过你的客户资料了，你的 XX 产品是 3

年前从我们公司买的，对吧？”只要你说的是事实，对方必然不会否认，而只要对方不否认，自然也就会说“是”了。

就这样，你已顺利得到了对方的第一句“是”。这句本身，虽然不具有太大意义，但却是整个销售过程的关键。

“那你一定知道，我们公司又推出不少新的产品喽？”除非对方存心和你过意不去，否则，他必然会同意你的看法。这么一来，你不就得到第二句“是”了吗？

如果对方真的要拒绝，那不仅仅是口头上的一声“不”，同时，他所有的生理机能也都会进入拒绝的状态。然而，一句“是”却会使整个情况为之改观。所以，优秀的销售人员明白，比“如何使对方的拒绝变为接受”更为重要的是“如何不使对方拒绝”。

优秀的销售员一开始同客户会面，就会留意向客户做些对商品的肯定暗示，例如：

“X 女士，本公司的储蓄型保险是你最好的投资机会，3 年后开始返还，你获得的红利正好可以支付你儿子的大学费用！”做出诸如此类的暗示后，要给客户一些充分的时间，以便使这些暗示逐渐渗透到客户的思想里，进入客户的潜意识里。

当他认为已经到了探询客户购买意愿的最好的时机，就这样说：

“为人父母，都要尽可能地让儿女受到最良好的教育，怎么样，你考虑过这方面的问题吗，我劝你向本公司投保。”

“你有权花钱买到最佳保险组合，你可别错过这个机会，选择我们的保险公司吧！”

优秀的销售人员在交易一开始时，利用这个方法给客户一些暗示，客户的态度就会变得积极起来。等到进入交易过程中，客户虽对优秀的销售员的暗示仍有印象。

客户经过商谈过程中长时间的讨价还价，办理成交又要经过一些琐碎的手续，所有这些都会使得客户在不知不觉中将优秀的销售人员预留给他的暗示，当作自己所独创的想法，而忽略了它是来自于销售人员的巧妙暗示。因此，客户的情绪受到鼓励，定会更热情地进行商谈，直到与销售员成交。

事实上，“我还要考虑一下！”这个借口也是可以避免的。一开始商谈，就立即提醒对方该当机立断。具体方法有很多，举例说明一下：

“以你目前的成就，我想，也是经历过不少风浪吧！要是在某一个关头稍微一疏忽，就可能没有今天的你了，是不是？”不论是谁，只要他或她有一丁点儿成绩，都不会否定上面的话。等对方同意甚至大发感慨后，销售员就接着说：

“我听很多成功人士说，有时候，事态逼得你根本没有时间仔细推敲，只能凭经验、直觉而一锤定音。当然，一开始也会犯些错误，但慢慢地判断时间越来越短，决策也越来越准确，这就显示出深厚的功力了。犹豫不决是最要不得的，很可能坏大事呢。是吧？”

即使对方并不是一个果断的人，他也不会希望别人说自己犹豫不决，所以对上述说法点头者多，摇头者少。那么，下面你就可以继续你的说服工作了。

“我也最反感那种优柔寡断，成不了大器的人。能够和你这样有决断力的人谈，真是一件愉快的事情。”这样，你怎么还会听到“我还要考虑考虑”之类的话呢？

其实，任何一种借口、理由，都有办法事先堵住，只要你好好开动脑筋，勇敢地说出来。也许，一开始，你运用得不纯熟，会碰上一些小小的挫折。不过不要紧，总结经验教训后，完全可以充满信心地消除种种障碍，直奔成交，并巩固签约成果。

抓住购买信号，乘胜追击

在销售活动中，成交的时机是非常难以把握的，太早了容易引起客户的反感，造成签约失败；太晚了，客户已经失去了购买欲望，之前所有的努力全部付诸东流。那怎么办呢？销售大师告诉你：当成交时机到来时，客户会给你一些“信号”，只要你留心观察，就一定可以把握成交时机。

客户的购买信号具有很大程度的可测性，客户在已决定购买但尚未采取购买行动时，或已有购买意向但不十分确定时，常常会不自觉地表露出他的态度。在大多数情况下，客户决定购买的信号通过行动、言语、表情、姿势等渠道反映出来，我们只要细心观察便会发现。

所以，我们一定要培养自己敏锐的业务眼光，这是我们销售成功的一项重要武器，能够洞悉客户的心意是完成交易的第一要诀，这个秘诀是一种自由心证的感应，想要明确说明并不容易，但可以从对方的反应与实际的状况看出一丝端倪。

如何才能把握住客户的购买讯号呢？首先必须要了解客户对商品

的反应如何，一般的客户对产品认同与否的反应大致可区分为眼神、姿势、口气、语言方式这几项。

1. 眼神专注

最能够直接透露购买讯息的就是客户的眼神，若是商品非常具有吸引力，客户的眼中就会显现出美丽而渴望的光彩。例如当我们说到使用这一项商品可以获得可观的利益，或是节省大额金钱时，客户的眼睛如果随之一亮，就代表客户的认同点是在获利上，此时客户正显露出他的购买讯息。

2. 动作积极

你将宣传资料交给客户观看时，若他只是随便地翻看后就把资料放在一旁，这说明他对于你的资料缺乏认同，或是根本没有兴趣。反之，若见到客户的动作十分积极，仿佛如获至宝一般地翻看与探询，则是已经浮现购买讯号。

3. 姿态反映心态

当客户坐得离你很远，或是跷个二郎腿和你说话，甚至是双手抱胸，表明他的抗拒心态仍然十分强烈，要不就是斜靠在沙发上用慵懒的姿态和你谈话，或是根本不请你坐下来谈，只愿意站在门边说话，这些都是无效的销售反应。

反之，若是见到客户对你说的话频频点头应和，表情非常专注而认真，身体愈来愈向前倾，即表示客户的认同度高，两人洽谈的距离愈来愈近，客户购买的讯息也更加明显。

4. 口气发生转变

当客户由坚定的口吻转为商量的语调时，就是购买的讯号。另外，当客户由怀疑的问答用语转变为惊叹句用语时也是购买的讯号。例如：

“你们的产品可靠吗？你们的服务怎么样？”等问句，如果变成“使用你们产品之后有没有保障呢？必须多久保养一次？”就说明客户在认同产品后，心中想象将来使用时可能产生的问题，因此会以问题来替代疑惑，而呈现出想要购买的前兆。

5. 语言购买信号

语言信号是客户在洽谈过程中通过语言表现出来的成交信号。大多数情况下，客户的购买意向是通过语言形式表示出来的。这也是购买信号中最直接、最明显的表现形式，我们也最易于察觉。通常表现为：关心送货时间或怎样送货；询问付款事宜，包括押金、资金或折扣。

口头或非口头地向配偶、朋友或亲人等征求赞同意见。

例如：“一次订购多少才能得到优惠呢”、“离我们最近的售后服务中心在哪里”、“有朋友说它性能非常可靠，真是这样吗”、“您的产品真是太漂亮了”、“这倒满适合我们的，能试用一下吗”，等等。

当客户为了细节而不断询问我们时，反映出客户一探究竟的心态，这也是一种购买讯号。如果我们可以将客户心中的疑虑一一解释清楚，而且答案也令其满意，订单马上就会到手，怕就怕有些客户会问一些不着边际的话来逗你，让你疲于奔命，或是问一些十分艰涩的问题，企图用问题来打垮我们的信心，此时我们必须凭着经验判断客户的用意，并在很快的时间内转移话题，再导入销售之中，才能继续运用先前所努力的成果。

有以上情况发生时，已经不再是需要考虑的时刻了，这些问话，都是成交的信号，你要赶紧抓住这个机会。

上面所列的种种情况，仅仅供大家参考。一名卓越的销售员不仅知道如何捕捉客户的购买信号，而且应该知道如何利用这些购买信号来促成客户的购买行动。下面一则销售案例，或许可以给我们提供一些有益的启示。

某家商场的销售员对产品进行现场示范时，一位客户发问："这种产品多少钱一件？"对于客户的这个问题，我们可有三种不同的回答方法：

①直接告诉对方具体的价格。

②反问客户："你真的想要买吗？"

③不正面回答价格问题，而是给客户提出："你要多少件？"

在所举的三种答复方式中，哪一种答法为好呢？很明显，第三种答复方法可能更好一些。客户主动询问价格高低，这是一个非常好的购买信号。这种举动至少表明客户已经对你销售的商品产生了兴趣，很可能是客户已打算购买而先权衡自己的支付能力是不是能够承受，如果对销售员介绍的某种商品根本不感兴趣，一般人是不会主动前来询问价格的。这时，我们应及时把握机会，抓住客户发出的购买信号，马上询问客户需要多少数量，会使"买与不买"的问题在不知不觉中被一笔带过，直接进入具体的成交磋商阶段。我们利用这种巧妙的询问方式，使客户无论怎样回答都表明他已决定购买，接下来的事情就可以根据客户需要的数量，协商定价，达成交易。

如果我们以第一种方式回答提问，客户的反应很可能是："让我再考虑考虑！"如果以第二种方式回答对方问题，表明我们根本没有意识到购买信号的出现，客户的反应很可能是："不！我只是看看。"由此看来，这两种封闭式的答复都没有抓住时机，使一笔即将到手的生意失之交臂。

在生意场上，一位卓越的销售员应当在销售活动的整个过程中时刻注意观察客户，学会捕捉客户发出的各类购买信号，只要信号一出现，就要迅速转入敦促成交的工作。有些朋友认为不把销售内容讲解完毕，不进行操作示范就不能使客户产生购买欲望，也做不成一桩买卖，这实在是一种错误的想法。

其实，客户对产品的具体要求不同，销售产品对其重要程度也有异，因而客户决定购买所需的时间也不同。我们只有时刻注意观察，工作认真细致，才不会失去机会。

别让煮熟的鸭子再飞走了

一些销售员常常会碰到这样的事情，销售工作进行得很圆满，眼看一份订单就要到手了，这时客户却突然反悔，于是我们的大量心血就都白费了。

有位家政公司的年轻销售员叫吴小东，当一栋新盖的大厦完成时，他马上跑去见该大厦的业务主任，想承揽所有的清洁工作。例如，各个房间地板的清扫，玻璃窗的清洁，公共设施、大厅、走廊、厕所等所有的清理工作。他做得很不错，一个星期后，业务主任口头上答应了这个交易。当吴小东承揽到生意，从侧门兴奋地走出来时，一不小心，把消防用的水桶给踢翻，水泼了一地，有位事务员赶紧拿着拖把将地板上的水拖干。这一幕正巧被业务主任看到，他心里很不舒服，于是打了电话，将这次合同取消了，他的理由是："像你这种年纪的人，还会做出这么不小心的事，将来实际担任本大厦清扫工作的人员，更不知会做出什么样的事来，既然你们无法让人放心，那么还是解约的好。"

这是个很好的例子，希望以后朋友们不要因为生意谈成，高兴得昏了头，而做出把水桶踢翻之类的事，使得谈成的生意又化成泡影，煮熟的鸭子又飞了。

这种失败的例子，也可能发生在保险销售员身上，例如当保险销售员向一位女士销售她丈夫的意外保险，只要说话稍不留神，就会使成功愉快的交易，变成怒目相视的拒绝往来户。

"现在你跟我们订了契约，这回你终于安心点了吧？"

"什么！你这句话是什么意思？你好像以为我是在等我丈夫的死期，好拿你们的保险金似的，你这句话太没礼貌了！"

于是洽谈失败，生意也做不成了。

所以在生意快谈拢或成交时，千万要小心应付。所谓小心应付，并不是过分逼迫人家，只是在双方谈好生意，客户心里放松时，我们最好少说几句话，以免搅乱客户的情绪。此刻最好先将摊在桌上的文件，慢慢地收拾起来，不必再花时间与客户闲聊，因为与客户聊天时，有时也会使客户改变主意，如果客户说："嗯！刚才我是同意了，但有些细节我还要再考虑一下。"那我们所花费的时间和精力，就白费了！

成交之后，销售工作仍要继续进行。

卓越销售员的真正工作不是始于听到异议或"不"之后，而是他们听到“可以”之后。卓越销售员知道，一旦他与客户达成了交易，如果他想完成这项交易，他必须继续销售，而不是停止销售。当然，这里指的不是回过头来重新开始销售产品，而是销售自己、销售公司的支持系统和售后服务。

永远也不要让客户感到我们只是为了佣金而工作。不要让客户感到我们一旦达到了自己的目的，就突然对客户失去了兴趣，转头忙其他的事去了。如果这样，客户就会有失落感，那么他很可能会取消刚才的购买决定。

对有经验的客户来说，当他们对一件产品发生兴趣时，往往不是当时就买。我们的任务就是要创造一种需求或渴望，让客户参与进来，让他感到兴奋，在客户情绪到达最高点时，与他成交。但当客户的情绪低落下来时，当他重新冷静下来时，他往往会产生后悔之意。

在以下的内容里，我们就来详细看看专业销售员巩固销售成果，避免客户反悔的方法。

1. 向客户道谢

这是优秀销售员区别于平庸销售员的细小差别之一。

说声“谢谢”不需要花费什么，但却含义深刻，给客户留下深刻的印象。大多数销售员不知道在道别后如何感谢客户，这就是为什么他们常常收到客户的退货和得不到更多客户的原因。当我们向客户表示真诚感谢时，客户对我们会非常热情，会想方设法给你以回报，会对我们表示感谢。

请看下面的例子：

“张先生，我想对您说声谢谢，我想告诉您，我对您的举动十分感谢。如果您还需要我做什么，您可以随时给我打电话。”

当客户听到这些话时，他就知道他做出了正确的选择，他会对我们的友情表示感激。在这种情况下，他怎么会改变主意让我们失望呢？

2. 向客户表示祝贺

客户现在已经同意购买，但在很多情况下，他还是有点不放心，有些不安，甚至会有一点神经紧张。这是一个非常重要的时刻，对销售员来说，沉着应对非常重要。客户在等待，看接下来会发生什么情况，他在观察我们，看我们是否会兴高采烈，看自己的决策是否正确，看我们是否会拿了钱就走人。

现在，客户比以往任何时候都需要友好、温暖和真诚的抚慰，帮他度过这段难熬的时间。

成交之后，我们应立即与客户握手，向他表示祝贺。记住，行动胜过言辞，握手是客户确认成交的表示。一旦客户握住了我们伸出来的手，他要想再改变主意或退缩就不体面了。从心理上说，当客户握住我们的手时，就表示他不愿反悔了。

3. 与客户一起填写合同

说到填写合同，很多销售员是不称职的，由于误填、不准确和填不好，致使很多交易都没做成。这些销售员常常为了一桩买卖而拼命工作，但却由于不知道怎样填写合同而使到手的买卖又扔掉了。他们熟知合同，却又对它很陌生。

卓越的销售员应是合同专家，他们能够在几秒钟内完成一份合同的填写。我们应当锻炼这方面的能力，直到闭上眼睛也能完成这项工作为止。

一般销售员在填写合同的时候，通常默不作声，他们把精力集中

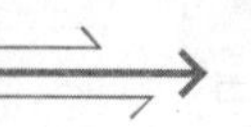

在合同上。这种沉默通常会引起客户的胡思乱想，他也许会对自己说：“我为什么要签这个合同？”接着，所有的疑虑和恐惧又重新涌上心头。当出现这种情况时，我们很可能还要再搭上半个小时，去挽回这笔买卖，但在多数情况下，这笔买卖再也没有希望了。

我们尽管已经知道了他需要填写的内容。但在填写时，仍然要求客户证实这些内容。我们边写边与客户进行轻松的对话，目的是让这一程序平稳过渡，让客户对他自己的决定感到满意。我们的填表动作应当自然流畅，我们与客户的对话内容可以与产品毫无关系。我们可以去谈及客户的工作、家庭或小孩，这些话题可以把客户的思绪从合同中解脱出来，表明我们并不只是对客户的钱感兴趣。

4. 让客户签字

为了避免可能发生的退货现象，我们应尽一切可能防止客户后悔。一旦合同填写完毕，得到签字，就应当敲定这笔买卖，向客户表明他做出了正确的选择。这会让客户感到他应当把这一过程进行到底。

5. 尽快向客户提供产品

让客户尽早拿到货物，越早越好。不管你是在为客户提供一项服务、为客户送货，还是他来取货，或者你需要为他进行安装，都要尽早做完，越快越好。一旦客户拥有了这件产品，尝到了它的甜头，看到了它的功用，他就不会后悔了。

6. 给客户制造一点惊喜

给客户一点意外的惊喜，就像面包师给他的客户一打面包是 13 个而不是 12 个一样，这是一桩不会亏本的买卖。我们的客户会感到他做了一笔好买卖，他会感激我们的，换句话说，他会忠实于我们的。

7. 立即拜访连锁客户

客户最兴奋的时刻是购物之后。因此，有理由说，这也是他最愿意推荐其他购买者的时候。是故，我们应当趁此时机问客户是否认识其他对该产品感兴趣的人，问他们我们是否可以利用这些关系。如果我们有礼貌地提出请求，他们总会提供给我们一两个名字。但如果他们不肯，不要一味坚持，换个时间再谈。

我们应当趁客户的热情仍然存在时，在同一天或第二天拜访这些连锁客户。这样我们的现有客户就感到有义务将这笔交易贯彻到底。毕竟，他不会在推荐其他人的同时，自己却反悔了，对吗?

8. 给客户寄张卡片或便条

很多客户在付款时，都会产生后悔之意。不管是一次付清，还是分期付款，总要犹豫一阵才肯掏钱。预防这一问题发生的一个好办法就是，寄给客户一张便条、一张卡片，再次称赞和感谢他们。

这样不仅可以提醒他们已经做出的承诺，而且还能使他们回忆起我们，回忆起他们对我们的义务。我们的便条应当简短、热情，要用手写，这样会给客户一种亲切感，而不是公事公办之感，最后要记住的一点就是，要保证在他们付款之前两三天收到便条，但其中不要提钱的事。

为了不让自己辛苦所做的工作白费，我们应当尽一切努力防止客户反悔，如果让“煮熟的鸭子”飞走了，那就说明我们的工作不到位。

在谈判中攻破客户最后防线

在销售过程中，客户表示出购买意向后，双方不可避免地需要进行商谈，在达成共识后才能成交。这样一来谈判就成了一个非常重要的环节，只有商谈好价格等诸多细节，排除异议后，才能正式成交。

我们首先来看看销售中应该采取的谈判策略。

1. 找到双方认可的客观标准。在谈判过程中，尽管充分理解对方的利益所在，并绞尽脑汁为对方寻求各种互利的解决方案，同时也非常重视与对方发展关系，但还是可能会遇到令人非常棘手的利益冲突问题。若就某一个利益问题互不让步，即使强调“双赢”也无济于事。

谈判中，在利益冲突不能采取其他的方式协调时，使用客观标准就能起到非常重要的作用。

例如，市场价值、替代成本、折旧率的计算等。要寻求并使用双方都认可的客观标准，这样双方才会认为谈判的基础是公平的，才能减少分歧继续谈判下去。实践证明，此种方式的谈判非常有效，可以不伤和气地快速取得谈判成果。

2. 不要太执着于各自立场。许多谈判僵持太久甚至一拍两散，就是因为过于重视立场或原则，双方各不相让。我们应该明白，在谈判双方对立的立场背后，不仅存在冲突的利益，而且还存在共同的或可以彼此兼容的利益。

例如，在制造业的销售谈判中，双方往往坚持各自的价格立场互不相让。其实价格立场背后还会有许多利益的存在，而且这些利益的存在对双方并不一定就是冲突。价格中是否包括外包装的费用？双方交货时间的安排对谁更重要？运输的责任必须是由买方来承担吗？是想签订长期销售合同，还是一笔交易的合同？等等。

可见，一项合同谈判的立场背后还会有许多的利益因素。所以我们必须彻底分析双方的利益所在，认清哪些利益对于自己是非常重要的，是绝不能让步的；哪些利益是可以让步的，是可以用来作为交换的条件的。盲目坚持立场和原则，往往会使谈判陷入僵局或者使谈判彻底失败。

要知道，让步的谈判并不等于是失败的谈判。在谈判中最忌讳的是随意做出不恰当的让步。卓越销售员会用对自己不重要的条件去交换对对方无所谓，但对自己却很重要的一些条件。这样才能达到双赢。

在谈判中，利益的交换是非常重要的。双方谈判能否达到双赢，主要取决于双方让步的策略，而识别利益因素往往依赖于双方之间的沟通。在谈判中，不妨向客户多问几个为什么，如“您为什么一定要特别要求……”“您为什么不能接受……”等问题，以此来探求对方的真实利益所在。在销售谈判中，对于利益问题，应注意强调你为满足对方利益所做出的努力，当然，你也要对对方的努力表示钦佩和赞赏。

3.“双赢”是最完美的结局。在许多谈判中，由于谈判者更多地是注重追求单方面利益，坚持固守自己的立场，而从来也不考虑对方的实际情况，结果买卖没有成交。如果片面地认为谈判对手的问题始终该由他们自己解决，谈判就是要满足自己的利益需要，替对方想解决方案似乎是违反常规的，这就大错特错了。

实践表明，成功的谈判应该使得双方都有赢的感觉。只有双方都是赢家的谈判，才能使以后的合作持续下去。因此，如何创造性地寻求双方都能接受的解决方案乃是谈判的关键所在，特别是在双方谈判处于僵局的时候更是如此。

在掌握了销售策略的同时，我们还应该学习一些谈判技巧，只有把策略和谈判技巧结合起来运用，方能收到最佳的效果。那么，常用的谈判技巧有哪些呢?

a. 营造好的谈判气氛。

b. 让别人认识了解你的立场、理由、观点。

c. 求同存异。一个问题一个问题地解决，让谈判继续下去，不要破坏谈判。

d. 要有耐心，不要期望对方立刻接受你的新构想。

e. 不要逼得对方走投无路，总要留点余地，顾及对方的面子。

f. 提出比预期达成目标稍高一点的要求，给自己留些余地。

g. 表现得小气一点，让步要慢，并且还得带点勉强的样子。

h. 为对方提供一项不失面子的让步方式，同时也使自己不致看来像是一个失败的谈判者。

i. 不要轻易亮出底牌，但要尽可能了解对手这方面的资料。

j. 伺机喊“中场休息”，以让对方有机会怀疑和重新考虑，而且让你有机会重获肯定的谈判地位或者以一点小小的让步，重回谈判桌。

k. 在谈判过程中，突然改变方法、论点或步骤，使对方陷入混乱或迫使对方让步。

l. 表现一点不耐烦的情绪化行为，必要时，可以提高嗓门，逼视对手，这一招或许可以让对手为之气馁，也可显示你的决心。

m. 纵使是对方小小的让步，也值得你争取。小小的让步，就对方而言或许算不了什么，但对你来说可能非常重要，说不定对方举手之劳，就能为你省下不少时间，减少不少麻烦。

在销售谈判中，我们一定要把策略和技巧结合起来运用才能解决问题，促成交易，过分退让或者太强硬对谈判都没有好处。

第七章　忌讳：规避销售中不可饶恕的错误

每个人都希望与有涵养、有层次的人在一起，相反，不愿与那些粗俗的人交往。同样，在销售进行时，不当之举对我们的销售活动必然带来负面影响。从销售心理学来讲，不考虑客户感受，客户就会产生不满感，排斥心理也会随之产生。

永远不要拿自己的信誉开玩笑

守信历来是人类道德的重要组成部分，在现代销售中，守信更是居于举足轻重的地位。它要求销售员在市场销售活动中讲究信用。市场经济的核心是信用经济，守信是市场经济生活得以正常运行的基本保证。在市场竞争日益激烈的今天，信誉已成为竞争制胜的极其重要的条件和手段。

所谓信誉，就是指信用和名声，它是在长时间商品交换中形成的一种依赖关系，它综合反映出一个销售员的素质和道德水平。唯有守信，才能为销售员赢得信誉，谁赢得了信誉，谁就能在市场上立于不败之地；谁损害或葬送了信誉，谁就要被市场所淘汰。

你在做销售时，一定要给人真诚的印象，要不然就会困难重重。所以千万别说谎，即使只说了一次，也可能使你信誉扫地。如果你从头到尾保持真诚，成交大约没有问题。正如《伊索寓言》的作者所说："说谎者，即使他说的是真话，人们也不会相信。"

还有一点很关键——不要轻易许诺。如果你的计算机系统需要一个月才能安装完毕，那你就不要仅仅为了拿到订单而谎称一个星期就够了。这种无法兑现的承诺往往会搅得你坐立不安，所以最好对你的客户实话实说。面对成交的诱惑，有时候可能难以做到，但必须做到。

也许有些人还记得，数年以前，一名奥运金牌运动员的经纪人如何将自己的事业一手毁掉的故事，原因就在于他不诚实。这位名气极大的经纪人颇具野心，他为他的委托人签下了许多合约，合约上满是各式各样的承诺。正是因为这些“承诺”，厂商才愿意给他长期合同，然而他却无法一一兑现。这名经纪人可以说是自毁长城，尽管他在短期内赚进了大把钞票，但他在体育界却因此声誉扫地。

所以说，作为一个销售员，我们必须树立诚信观念，充分理解客户，尊重客户，处处为客户着想，与客户建立良好的合作关系，这样，你的销售生涯将更加精彩纷呈，你的事业必将蒸蒸日上。

赢得客户的信赖，这是我们最重要的工作。当然，不管你采取什么样的方式方法达到这一目的，都应从一举一动、一言一行中做起，有时哪怕是一件微不足道的小事，也可能使你的信誉备增。

诚信不仅是做人的准则，也是销售的道德。从某种意义上说，向客户销售你的商品，事实上就是向客户销售你的诚实。吉拉德说：“诚实是销售之本。”据美国纽约销售联谊会的统计：70%的人之所以从你那里购买产品，是因为他们喜欢你、信任你和尊敬你。所以，要使交易成功，诚实是最好的策略，不诚实的代价是惨重的。美国销售专家齐格拉对此深入分析道：“一个能说会道而心术不正的人，能够说得许多人以高价购买低劣甚至无用的产品，但由此产生的却是3个损失：客户损失了钱，也多少丧失了对他的信任感；销售员不但损失了自重精神，还可能因这笔一时的收益而失去了整个成功的销售生涯；以整个销售来说，损失的是声望和公众对它的信赖。”

所以，齐格拉强调说："信任是关键。"他说："我坚信，如果你在销售工作中对客户以诚相待，那么，你的成功会容易得多、迅速得多，并且会经久不衰。"

日本山一证券公司的创始人小池 13 岁时背井离乡，在若尾商店当小店员，20 多岁时开小池商店，同时替一家保险公司当销售员。有一个时期，他销售保险很顺利，在 10 多天内就做成了 32 个单子。之后，他发现他所卖的保险比别的公司推出的同类型的保险要贵很多，他认为，跟他签约的客户如果知道了一定会感到难受甚至会抱怨。被人看成是冤家对头的滋味不好受，于是深感不安的小池就立即带上合约和定金，整整花了 3 天时间挨家挨户去找客户。然后老老实实跟他们说明，他所卖的保险保费比别人的价格贵，为此请他们解除契约。这种诚实的做法使每一位保户都深为感动。结果，32 位客户中没有一个跟小池解约，同时还加深了对小池的信赖和敬佩。

所以，为了你的声誉，你最好别去欺骗别人，因为被骗的人会把它告诉另一个人，而另一个人也会转告其他人，失去一桩生意并不意味着你只失去了一位客户，而是失去了一群客户。

没有好脾气，就没有好业绩

一些有经验的老销售员经常说："没有好脾气就干不了销售。"这种说法倒不难理解。销售员每天要面对不同的客户，可能会遇到各种情况：被人拒绝，被人指责，甚至被人奚落，如果没有一个好脾气，恐怕就很难适应销售工作，更别说打动客户，达成交易了。

其实，"好脾气"就是指与客户商谈时能够适当地控制自己的情绪，不急不躁，自始至终一直以一种平和的语气与客户交谈，即使遭受客户的羞辱也不以激烈的言辞予以还击，反而能报之以微笑。这样一来，客户往往会被销售员的这种态度打动，因此好脾气的销售员才能创造出更好的业绩。而一些销售新人往往不能控制好自己的脾气，如果得罪了客户，生意自然也就做不成了。

销售新人应该明白，做销售工作，被对方拒绝如家常便饭，因此，销售员不应发脾气，而应时刻保持一颗冷静的心。有些销售新人在愤怒情绪的支配下，往往失去理智，以尖酸刻薄的言辞予以还击，使客户的尊严受到伤害。这样虽然能使自己心中的怨气得以发泄，但到头来吃亏的还是自己，因为这笔交易肯定谈不成了。因此，销售新人一定要学会控制自己的情绪。一旦我们感到精力难以集中，不能清晰地思考问题；或是心情不悦、烦躁不安；被销售工作压力压得透不过气；想从一项销售任务中得到解脱而进入另一项销售任务；为了见一位新客户而做了大量的工作，但却一直得不到他的订单时，销售新人就要学会调节情绪。因为发脾气是没有用的，销售新人要做的，就是让自己时刻保持一颗冷静的心。

至于如何消除愤怒情绪、不乱发脾气，一位资深的销售员的做法很值得销售新人学习和借鉴。这位销售员在刚刚入行的时候，总是不能摆正心态，踏踏实实地工作。他想早日出人头地，但现实与理想之间的差距太大了：要挨领导的骂，要受客户的气，而他的脾气本来就不太好，于是他准备辞职，然后找一份适合自己的工作。

在写辞职信之前，他为了发泄心中的怒气，就在纸上写下了对公司中每个领导的意见，然后拿给他的朋友看。

然而，朋友并没有站在他的立场上，和他一同抨击那些领导的一些错误做法，而是让他把公司领导的一些优点写下来，以此改变对领导的看法。同时，还让他把那些成功销售员的优点写在本子上，让他以此为目标，奋力拼搏。

在朋友的开导下，他心中的怒火渐渐平息了，并最终决定继续留在公司里，还发誓努力学习别人的长处来弥补自己的不足，做出点成绩让自己和他人看看。

从此，这位销售员学会了一种发泄怒气的方法，凡是忍不住的时候，他就把心中的愤恨写下来，读一读，这样心中就平静多了。

无论是顶尖级销售员也好，还是销售新人也罢，谁都会有发怒的时候。但是，少发怒和不随便发怒却是做得到的。要想练就好脾气，不随便发怒，必须标本兼治。治本方面，是加强个人修养，包括提高文化素养和道德情操，拓宽心理容量，不为一点小事斤斤计较。

治标方面，销售新人们不妨试试以下方法：

①在自己的办公桌上放一张写有“勿怒”二字的座右铭或艺术品，时刻提醒自己不要随便发怒。

②当有人发怒时，仔细观察他发怒的丑态，剖析他因发怒造成的不良后果，以此作为反面教材，警示自己。

③一旦遇到惹自己动怒的事情，强迫自己想别的愉快的事情，转身去做一件令人愉快的事情。

④万一走不开，又怒火中烧时，强迫自己不要马上开口，或者数数，数到十再开口，以缓和情绪，浇灭怒火。

⑤不但要学会自己控制情绪，还要学会接受别人的劝告，将自控和助控结合起来。

坏脾气是销售工作的天敌，销售新人一定要在工作与生活中慢慢磨炼自己，因为只有拥有了好脾气，才能拥有好业绩。

小心！别让情绪擦枪走火

情绪对一个人的影响是非常大的，作为一名销售员，你必须学会控制自己的情绪。在销售时，你会碰到很多让你产生消极情绪的事。

比如，难缠的客户、难销的产品、工作的压力、上司的不悦、同事的误解，等等。因此，如何控制自己的情绪，就显得非常重要。

一个年轻的销售员愤怒地摔下电话，“这个老东西！不就是有点钱吗？说话为什么这么难听，简直不把销售员当人看！”隔了几秒钟，他又打开电话本找了一个电话号码，噼里啪啦地按了起来，然后不到一分钟，他又摔下了电话。“为什么我这么倒霉？总遇上这种不好的客户！”

这个销售员不知道自己的问题出在没有控制好情绪，反而怪自己倒霉，当他带着愤怒的情绪给客户打电话时，他就犯了个大错，第二个客户是能够感觉到他情绪的波动的，客户当然不会愿意接受一个带着情绪销售物品的销售员。因此，我们必须学会控制、调节自己的情绪，善于控制情绪的人，在事业上才比较容易成功。

下面有几种消除负面情绪的方法，你不妨试一下：

（1）考虑后果法。在遇到发怒的事情时，首先想想发怒有无道理，其次发怒后有何后果，然后想想是否有其他方式代替发怒。这样一想，你就可以变得冷静而情绪稳定。

（2）取悦自己法。努力增加积极情绪，具体方法有三：一是多交友，在群体交往中取乐；二是多立小目标，小目标易实现，每一个实现都能带来愉悦的满足感；三是学会辩证思维，可使人从容地对待挫折和失败。

（3）助人为乐法。多做善事，既可以给他人带来快乐，也可使自己心安理得，心境坦然，具有较好的安全感。

（4）宣泄情绪法。遇到不如意、不愉快的事情，可以通过做运动、读小说、听音乐、看电影、找朋友倾诉来宣泄自己不愉快的情绪，也可以大哭一场。

(5) 转移情绪法。当一种需求受阻或者遭到挫折时，可以用满足另一种需求来代偿。也可以通过分散注意力，改变环境来转移情绪的指向。

(6) 自我催眠法。心情不佳时，可以通过循序渐进、自上而下放松全身，或者是通过自我催眠、自我按摩等方法使自己进入放松状态，然后面带微笑，想象曾经经历过的愉快情境，从而消除不良情绪。

另外，我们知道很多销售员的负面情绪和压力，都是由于顾客发怒或态度恶劣引起的。因此，销售员还应该学会如何缓解这种压力。

(1) 销售时的减压方法

①当遇到客户发怒时，让客户发出他的不满，而你保持微笑，放缓呼吸，稳定语调，选择合适的词语与客户交流，让自己关注于解决问题的方法而不是客户的态度。

②客户正在气头上，本来注意力就不在倾听上，如果你说话含糊不清，会加剧客户和你的对立情绪。所以，对待发怒的客户，销售员更应该保持吐字的清晰。

③无论客户有什么过错，销售员都没有理由把声音变大，语速变快，用通常不会用的词语来回敬客户。正确的做法是尽量让对方把话说完。

④对无休无止、说个不停、愤怒不已的客户要适当地加以控制。你可以趁对方换气时说一些积极的话来接过话题，比如说“您对我们公司这么关注，真的很让我们感动”或“您的时间一定很宝贵，我想……”另外，你还可以找机会引出一些轻松的话题，以缓解对方的愤怒心态。

⑥即使是客户出言不逊，也不要提出让他道歉或认错。因为这样做无助于你控制对话过程从而解决问题，相反会引起更大的麻烦。

⑦在不违反公司规定的原则下，按公司的业务流程规范，为客户解决实际问题，并在此过程中向客户不断表示“我非常理解您的心情”“我一定竭尽所能替您解决这个问题”。

(2) 销售结束后的减压方法

销售结束以后，不要马上拜访其他客户。你需要轻松一下，然后重新开始。首先，你可以走到户外，看看远景或近物，伸伸腰踢踢腿，做个深呼吸。千万别让失败的销售影响你一天的情绪。其次，你要学会忘记，别在脑海中重现一些不愉快的过程。另外，如果你有一肚子苦水，就找你的主管去倾诉，这样做，会使你对这件事做一个正面的回顾，从而减轻压力。

(3) 下班回家后的减压方法

下班回家后，可以选一些你喜欢的事情来做。比如你可以通过读书来减轻工作压力，因为一本好书常常可使人心胸开阔、气量豁达。饮食方面，要少吃辛辣食物，经常性地吃些素食，更能帮助保持心态平和。睡眠方面，要保证每天睡眠充足。运动方面，散步、慢跑、跳健身操都有助于情绪稳定。另外，你还可以经常对自己大声说“我很优秀”“我是最好的”，因为必要的自我肯定同样是减压的好方法。

在销售过程中，销售员尤其应该注意对情绪的控制，积极向上的情绪可以极大地提高销售成功的概率，因此合理调整心态是每一位销售员都要做好的事。

千万不要试图挑战客户

人人都是平等的，与客户进行沟通时，双方的地位是平等的，沟通本身也应当是双向的。

基于这种原因，当你因为需要了解更多、更确切的信息而向客户提出问题时，请注意不要像检察官一样地审问客户。不要问一连串的问题；在每个问题间加上你对客户所言的反馈；聆听客户说什么，并且在进行下一个问题之前，对他们的反应作些评论。你的反馈能够创造一座桥梁，促进双向交流。

实际上，有不少销售员向客户提问时的态度是非常不恰当的，他们将每一次销售都视为对客户的挑战。因此，他们往往变得防御心很强，喜欢用一连串的逻辑问题将客户逼到“墙角”。最后，客户只好干脆地告诉他们：“我不这样认为，请你走开！”相信，大家都不想遭遇这种情况吧?

那么，要避免这种情况的发生，最佳方法就是——谨记你的目标是帮助客户而非挑战客户，并记住每一次接触都会让关系变得更好或是更坏。这种“直接”式的审问法其实可以有多种替代方案，我们可以用发问取得更多的资讯。

作为一名销售员，你所从事的是与人打交道的职业。不要有防御心理，不要把赢得客户看成是挑战客户，这是人际交往最差的策略。当你变得有防御心理的时候，客户同样会防着你；只有你自己先放开，客户才会与你融合起来——这不正是你想要的吗？

提出恰当的问题，是一种技巧，也是一种态度。要坚决避免敌对、侮辱和摆高姿态的询问。

人与人之间的沟通存在着很多形式，并非仅仅一种语言。从某种意义上来说，我们无意中的姿态透露的信息往往会超出我们的想象——这同样是一种沟通。可以说，身体语言是除了口头语言之外最重要的一种交流形式。

正因如此，我们在销售中一定要注意捕捉客户无意中通过面部表情、身体语言和其他动作所传递出来的信息。这些动作给我们提供了一种绝好的交流方式。但是问题的关键在于了解客户身体语言的基础并与其保持一致，这才是最终目的。

要想与客户的姿态保持一致，通常而言，我们要做好以下几点：

1. 目光接触是身体语言的重要部分，在这方面，必须加以注意。你可以通过观察确定客户与你保持目光接触的时限，然后与他保持步调一致，从而可以找到双方之间目光接触的平衡点。

2. 与客户保持协调一致。与客户保持一副相似的手势动作和身体姿态，采用相近的说话节奏。根据客户的情况要逐渐调整自己的身体状态，使自己在姿态、手势和动作等方面与客户保持协调一致。

最后，与客户姿态保持协调还包括衣着打扮，力求使自己的打扮看起来让人感觉舒服，符合一个销售员的标准。

在这里还需要提醒大家，我们做销售千万不要有消极心理，更不要因为客户的订购量小、订购周期长而冷落了他们。这会令你永久性地失去客户的心。

这么说话，订单就没了

说话本来是一件最简单的事，但很多销售新人却都因为说话不当而失去了客户。这并不是因为他们说话太多，或说话技巧不够好，而是在不该说话的时候说话，或者是说了不该说的话。

销售新人们应该牢牢记住，下面这样几种话是不能说的：

1. 包含批评的话语

一些销售新人，有时讲话不经过大脑，脱口而出伤了别人，自己还不觉得。比如说，见了客户第一句话便说："你家真难找！""这件衣服不好看，一点都不适合你。""这个茶真难喝。"这些脱口而出的话语里包含批评。虽然你无心去批评指责客户，但客户听来却会感到不舒服。

人们常说，"好言一句三冬暖"，也就是说，人人都希望得到对方的肯定，人人都喜欢听好话。在这个世界上，又有谁愿意受人批评呢？销售员每天都是与人打交道，赞美性话语应多说，但也要注意适量，否则，让人有种虚伪造作、缺乏真诚之感。不要让客户有这样的感觉。

“你说那个卖保险的，他那一套，嘴巴虽然甜得要命，可是都是假的，这保险公司培训出来的怎么都是一个模式的人，耍嘴皮特行！”这种感觉无形中提醒我们，与客户交谈中的赞美性用语，要出自你的内心，不能不着边际地胡乱赞美。

2. 别和客户议论主观性的话题

“干什么吆喝什么”，与你销售没有什么关系的话题，你最好不要参与议论，比如政治、宗教等纯属主观意识方面的看法，无论你说的是对是错，这对于你的销售都没有什么帮助。

一些销售新人，涉及这个行业时间不长，经验不足，在与客户的交往的过程中，无法主控客户话题的能力，往往是跟随客户一起去议论一些主观性的议题，最后意见产生分歧，然后在某些问题上争得面红脖子粗，但争完之后，一笔业务就这么告吹了。想想对这种主观性的议题争论，有何意义？所以，有经验的老销售员，在处理这类主观性的议题中，首先会随着客户的观点，一起展开一些议论，但议论中适时将话题引向销售的产品上来。

3. 不要卖弄专业术语

有一位销售员吴先生，从事寿险时间不足两个月，一见到顾客，就一股脑儿地向客户炫耀自己是保险业的专家，然后就是把一大堆专业术语塞向客户，客户个个听了都感到压力很大。当与客户见面后，吴先生又开始大肆炫耀自己的专业术语，什么“豁免保费”“费率”“债权”等一大堆专业术语，让客户如坠入云雾中，不知所云，对方的反感由此产生，拒绝是顺理成章的事了，吴先生便在不知不觉中，误了商机。

4. 不要太过夸口

一些销售新人往往喜欢将自己的产品夸得天花乱坠，事实上这样做是不好的。如果你夸大产品的功能，客户在日后使用产品的过程中，终究会知道你所说的话是真是假。不能因为要达到一时的销售业绩，你就夸大产品的功能和价值，这势必会埋下隐患，一旦纠纷产生，后果将不堪设想。

任何一个产品，都有其两面性，一面是好的，一面是不好的。作为销售员理应站在客观的角度，清晰地与客户分析产品的优与劣，帮助客户“货比三家”，才能让客户心服口服地接受你的产品。任何的欺骗和夸大其词的谎言都是销售的天敌，它会使你的事业短命。

5. 不说咄咄逼人的话

一些销售新人常常会说出一些攻击性话题，事实上，无论是对人、对事、对物的攻击词句，都会造成准客户的反感，因为你说的时候是站在一个角度看问题，不见得每一个人都是与你站在同一个角度，你表现得太过于咄咄逼人，反而会适得其反，对你的销售也只能是有害无益。

6. 不要谈论隐私

与客户打交道，主要是要把握对方的需求，而不是一张口就大谈特谈对方的隐私问题，这也是销售新人常犯的一个错误。有些销售新人会说，我谈的都是自己的隐私问题，这有什么关系？就算你只谈自己的隐私问题，不去谈论别人，试问你推心置腹地把你的婚姻、财产等情况和盘托出，能对你的销售产生实质性的进展吗？也许你还会说，如果我们与客户不谈这些，就直插主题，业务势必难以开展，所以谈谈无妨，其实，谈论隐私是毫无意义的，浪费时间不说，更浪费你的销售商机。

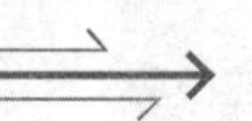

7. 别用质疑的口气问问题

在销售产品的过程中，你很担心准客户听不懂你所说的一切，而不断地质疑对方："您明白吗？""您知道吗？""您明白我的意思吗？"似乎以一种老师的口吻提出这些让人反感的话题。从销售心理学来讲，一直质疑客户的理解力，客户会产生不满感，这种方式往往让客户感觉得不到起码的尊重，逆反心理也会随之产生，可以说是销售中的大忌。

8. 枯燥的话题不要讲太多

在销售中有些枯燥性的话题，也许你不得不去讲解给客户听，但这些话题可以说是人人都不爱听，甚至是一听就想打瞌睡。所以，如果一定要讲，建议你将这类话语讲得简单一些，可概括起来一带而过。这样，客户听了才不会产生倦意，如果有些相当重要的话语，非要跟你的客户讲清楚，那么不要拼命去硬塞给他们，在你讲解的过程中，换一种角度，找一些他们爱听的小故事、小笑话来改变一下气氛，然后再回到正题上来，也许这样的效果会更佳。

作为一名销售员，千万要注意销售语言，绝对不说客户不爱听的话，因为说话而伤害客户是一件非常愚蠢的事。

不要在客户面前与对手冲突

所谓“同行是冤家”，在销售中遇到竞争对手是一件很正常的事。这时我们很可能为了竞争而贬低对手，不过奉劝大家千万不要这样做，因为贬低对手只会让客户降低对我们的评价。

有这样一件事：

某公司董事长正打算购买一份教育保险送给儿子做高中毕业礼物。A 保险公司的广告曾给他留下好印象，于是他约了一位 A 保险公司的销售员到家中面谈。而这个销售员在整个介绍过程中却总是在说自己公司的险种如何比 B 保险公司强。作为董事长的他似乎发现，在这位销售员的心目中，B 保险公司是最厉害的竞争对手，尽管董事长过去没有接触过 B 保险公司，他还是决定最好先亲自看一看再说。最后，出人意料地，他买了 B 保险公司的保险。

不贬低、诽谤竞争对手是销售人员的一条铁的纪律。做一名合格的销售人员，我们一定要记住，把别的公司说得一无是处，绝不会给我们自己的业务增加一点好处。

我们除了赞扬对手之外不应当提到他们。万一客户首先说起竞争对手的情况，我们就赞扬它几句，然后转变话题：“是的，他们公司很好。但现在还是看看我们的!”完全回避竞争对手，就不会导致客户再去考虑。销售圈的座右铭是：“各卖各的货，井水不犯河水。”自然地把客户的需求转入到自己一方。

有时，竞争对手的声誉早已在准客户的脑子里占据了重要位置，用回避的办法难以将它驱除。这种情况下，有的客户并不愿意主动谈论他们内心喜爱的另一家公司，因为他们害怕销售人员会指出他们的偏爱有问题。所以，保持沉默便可平安无事。

这样，如果我们决心要对付竞争对手，那首先就必须设法让客户把心中喜欢的另一家公司讲出来，并听听他的看法。精明的销售人员在刚一开始谈生意时，就要探明竞争对手在客户心目中的地位。为了搞清客户都了解哪些公司和最偏爱哪一产品，这样问：“到目前为止，在您见过的所有同类公司中，您印象最好的是哪一家?”对这个问题的回答可以为洞察力很强的销售员提供大量信息。绝大部分汽车销售员都害怕跟头一次买汽车的人打交道，因为他们知道，不管你给这类客户提供多么优越的购物条件，他们仍会认为有必要货比三家看看再说。聪明的销售人员都喜欢等客户看过了其他公司的业务后再接待他们，这时，就有成交的希望了。

毫无疑问，避免与竞争对手发生猛烈“冲撞”是明智的选择。但是，要想绝对回避他们看来也不可能。我们如果主动攻击竞争对手，将会给人留下这样一种印象：他一定是觉得竞争对手十分厉害，难以对付。客户还会推断，他为什么会对另一个公司的敌对情绪这么大，难道是因为他在该公司手里吃过大亏。客户下一个结论就会是：如果这个公司的业务在竞争对手面前损失惨重，他的竞争对手的产品就属上乘，我应当先去那里瞧瞧。在这种情况下，我们一定要把握时机，及时促成。

有一次，贝吉尔去见一位准客户，这人正考虑买2万美元的保险，在这同时，有10家保险公司提出计划，角逐竞争，尚不知鹿死谁手。

贝吉尔见到他时，对方应道：“我已经请一位好朋友处理，你把资料留下，好让我比较比较哪家更便宜，更适合我。”

“我有句话要真诚地告诉您，您根本没有必要比较，现在您可以把那些计划书都丢到垃圾筒里。因为保费的计划基础都是相同的起点，任何一家都是相同的。我来这里，就是帮助您做最后的决定。以银行贷款25万美元而言，受益人当然是银行。关心您的健康，才是最重要的。不用担心，我帮您约好的医生是公认最权威的，他的报告每一家保险公司都接受，何况做25万美元保金的高额保险的体检，只有他够资格。”

“难道其他保险公司不能帮我安排吗？”

“当然可以，但是你可能会耽误3天，如果您患了感冒，时间一拖，保险公司甚至会考虑再等三四个月才予以承保……”

“哦！原来这件事有这么重要。贝吉尔先生，我还不晓得你究竟代表哪家保险公司？”

“我代表客户！”贝吉尔在迅雷不及掩耳的积极行动下，顺利地签下一张25万美元的高额保单，其所凭借的利器就是及时行动，快速促成。

有些机械产品的生产厂家训练自己的销售员要学会逐点逐条地把自己的产品与客户心目中比较偏爱的产品进行比较，有时他们要把每一点的比较情况分两行并列记录下来，哪一种产品占上风，就在哪边做个记号，并要求销售员在各条比较完毕之后让自己产品的那一行比竞争产品能留下更多的记号。这是一种赤膊上阵的销售方式，但有时也是必要的和有效的，特别是在对比能按公正和客观的标准进行时。

还有一个从这种方法派生出来的方法：在一张纸中间画一条线，将其分为两部分，分别写上竞争产品和本公司产品的名称，然后在下面写上各自的价格。比如，前者为100元，后者为150元。竞争产品比较便宜，这样，销售员的任务就是设法证明自己的产品为什么要贵一些。于是他在提到自己产品的一个独有特点后便说："您看，这个特点值不值得您每年多花一块钱？这是十分保守的估计，不是吗？好吧。我们就先这么算，这个产品保准能让您用10年以上。我们仍按最保守的估计，就说它能用10年，由这一特点您便能得到10元的好处。"销售员就这样一个特点接一个特点地加以阐述，直至算出的额外价值大大超过那50元的价格差。

如果客户原来买的东西真不好，我们就可以借题发挥，去指责竞争对手或竞争对手的销售员，由此表示他们没有把客户的利益真正放在心上，放在第一位。比如一个鞋店销售员发现一名客户穿着一双过宽的皮鞋，便可用以下的话来赢得这位客户的信赖："卖给您这双鞋的人一定是懒得费事或缺乏存货。您长着一双贵族式的脚，脚面窄、脚弓高，我给您找一双适合您穿的鞋，来看看与您这双鞋有多大差别。"

在反击竞争对手的进攻或证明自己产品比竞争产品更优越时，我们还可以使用其他的方法，例如客户表扬信。比如，办公器具销售员就经常会被迫回答涉及竞争设备特点的询问，销售经理给每一个销售员配了一个活页夹，里面塞着许多客户表扬信的复制件。当客户问道：“这台复印机能与布兰公司生产的复印机一样经受得起超负荷吗？”销售员只需打开一位汽车制造商的表扬信即可给予圆满回答，那信说：“两种复印机我们同时使用了多年，现已确定全部使用贵公司的产品，因为相比之下它故障很少。”一个产品的优点最好是由有资格的局外人去说，而不是由我们自己来讲。

不管在什么情况下，都千万不要做贬低竞争对手的蠢事，这只会让我们变得更被动，我们不妨试试赞美你的竞争对手，这样做才是为自己加码。

客户的问题，我们不要背负

销售新人在销售过程中最常遇到的一种情况是，客户故意把自己的问题推给你，而销售新人往往就被这些问题弄得手足无措，“我该怎么办啊？怎样才能解决这个问题呢？”其实你必须明白，在任何情况下也不要把客户的问题接过来，这对你毫无益处，因为这些问题你根本就解决不了。

那么，销售新人都会遇到怎样的问题呢？

第一种客户会对你说：“我们预算中没有这笔开支。”对你们的优质产品和良好服务他们没有相应的预算，这是他们的问题，不是你的。但他们愿意抛给你，成为你的问题。让你去考虑该怎么办，是不是该降低价钱。

第二种谈判对方说："我没有权力决定这件事。"他没有权力是因为他没有获得上司的信任，这又是谁的责任？是他的，不是你的，但他愿意抛给你，成为你的问题。

第三种客户给你打电话说："我需要你们送货上门，如果3天之内那些零件到不了货，我至少有三条装配线就要立刻停产。"那是谁的日程表？他的，不是你的，但他愿意把问题抛给你，让你考虑解决的办法。

销售新人要如何应对这些问题呢？资深的销售员告诉你应该这样回应这些问题：立刻检验它的真实性。你必须马上弄清他们的真实意愿，明白他们抛给你的是个难题，还是扔到谈判桌上试探你反应能力的什么东西。你必须立刻做出回应，迟了就来不及了。如果你继续纠缠在他们的问题上，他们就会认为这是你的问题了，那时你再想验证它的真实性已经太晚了。

著名的销售谈判大师罗杰·道森曾是个房地产经纪人，他曾经是加利福尼亚州一家有几十家分支机构的公司总裁。在经营房地产中他经常接到别人抛过来的问题。比如，曾经有买主跑进他的办公室说："罗杰，我不得不告诉你，我们账上只有10万美元。"对于房地产来说，那是很低的付款额。他们的房地产代理人或许能接受，但是很不容易。

遇到这种情况道森先生会派代理人立刻验证他们的真实性，然后告诉买主："也许我们能接受10万美元，但让我问你一个问题：

如果我正好有一所房子适合你，在合适的地方，价格也很理想，但是要 16 万美元。有没有必要带你去看看呢？或者我领别的买主去看看？”

此时很少有人会这么说：“怎么？你在为难我吗？听着，10 万美元，一分也不能多。”十有八九他们会说：“我们真的不想动我们的存折，但是如果真是划得来的话，也行。或许我的爸爸能帮我们付款。”代理商马上发现买主抛给他的问题并非看起来那么严重。

如果你卖家具，一位客户说：“我要买 10 平方米的地毯，可我只有 1700 美元。”作为一个销售新人，你可能会被表面现象所迷惑。马上就开始考虑降价，因为你认为他说的是真话。

但是这样你就大错特错了。这时，你应该立刻验证他的话的真实性。你可以说：“有一种地毯，颜色鲜艳，5 年以后还像新的一样，但是每平方米才贵 15 美元，你想看看，是不是？”绝大多数客户会说：“当然，我们看看。”你马上就知道价格问题并非他们所说的那么严重。

如果买主说：“我没有权力决定。”你就要说：“那么，谁有权决定呢？”有时候，你可能得到这样的回答：“总经理有权。”这时候你就可以说：“你觉得我们的产品不错，不是吗？给总经理打个电话，看看你能不能得到他的同意，好吗？”然后他可能拿起电话打给总经理，说服总经理同意。有时事情就这么简单。

对付“我们没有这笔预算”这一问题的另外一个方法就是问他们预算期限到什么时候结束。

销售新人在谈判过程中，如果对方抛过一个他们自己的问题，处理时要切记以下要点：当他们这么做的时候，立即验证它的真实性。

你必须弄明白他们是真的不想买，还是只想试探一下你的反应。不要遇到什么问题都考虑降价。价格也许根本就不是问题。

销售也是一种双赢的买卖，你不能只考虑自己退让，而是要想办法让对方主动去解决问题，替客户背负问题是没用的，那只会让你更被动。

第八章
服务细节里的“人性化”

服务的竞争，是高层次的竞争，在服务中讲究完美细节，就能使自己永远立于不败之地。客户在物质需求得到满足的基础上，同时得到了尽善尽美的延伸服务和享受，势必成为销售员的“忠实拥护者”，从而实现了真正的“双赢”。

不要对任何一个客户“另眼相待”

在销售过程中，我们应该重视自己所遇到的每一个人。这“每一个人”包括你的客户，客户身边的所有人。因为即使再老练的销售员，也无法一开始就能判断清楚哪个人会购买你的产品，哪个人才是真正的购买决定者。

要知道：

1. 客户身边的人往往可以左右客户

有这样一位医药代表，他的准客户中有一位开着一家小药店。每次他到这家店里去的时候，总是先跟柜台的营业员寒暄几句，然后才去见店主。有一天，他又来到这家药店，店主突然告诉他今后不用再来了，他不想买这位销售员的产品，因为他们有更好的选择。这个销售员只好离开药店，他开着车子在镇上转了很久，最后决定再回到店里，把情况说清楚。

走进店时，他照例和柜台上的营业员打招呼，然后到里面去见店主。店主见到他很高兴，笑着欢迎他回来，并且马上决定购买他的产品。销售员十分惊讶，不明白自己离开药店后发生了什么事。店主指着柜台上一个卖饮料的男孩说：“在你离开店里以后，卖饮料柜台的小男孩走过来告诉我，说你是到店里来的销售员中唯一会同他打招呼的人。他告诉我，如果有什么人值得做生意的话，应该就是你。”店主同意这个看法，从此成了这个销售员最忠实的客户。

这位销员说：“从那以后，我永远不会忘记，关心、重视每一个人，这是我们销售员必须具备的素质。”这个例子告诉我们，销售员在与人相处时，要想受到欢迎，就应真诚地关心别人、重视别人。每一个人，不管他是什么人，也不管他的实际状况如何，在内心深处都是非常重视自己的。

重视别人，自然包括重视客户的孩子、夫人甚至亲朋好友。通过客户的孩子，把自己对产品对销售的积极态度传染给你的购买决策人，从而激起客户的购买欲。记得曾有人说过：“我非常赞成不时地为客户或客户的孩子帮一点儿忙，同时认为在商务活动中，这是一个被人们大大忽略了的手段。在商务关系中，间接地把孩子包括进来，总能给孩子留下深刻的印象。被人记住、被人欣赏，从长远的利益来看，通常能得到报答。”

2. 真正的决策者也许躲在客户背后

一位资深的保险销售员讲了这样一件事：

“我曾为一个成交希望很大的保单几次去一个客户家，有时甚至谈至深夜。记得有一回，当我从客户家的卫生间出来，走到走廊上，忽然听到一个老太婆用沉重的语气对我的客户说：‘说实在的，我不同意。前天他来时，看到我连声招呼都不打，根本没有把我这个老太婆放在眼里！我说不买就不买！我活了这么大年纪，从未投过保，不也过得很好吗？而且他们的保费那么贵，我可没钱买！’

“听到这些话后，我恍然大悟，这个我前天来时都未正眼瞧的老太婆，却是真正的伏兵。我做梦也不会想到是这个老太婆有购买决定权。

“我再也不能待下去了，便匆匆告辞。回到家我辗转反侧，不能入睡。怎么办呢？怎么才能缓和老太婆的反对情绪呢？我被这个问题困扰着。第二天，我路过一家电器商店时，突然灵机一动：对，买床电热毯送给老太婆。于是我去户籍处查了资料，得知还有20天是老太婆的古稀寿诞，便在电热毯上绣上‘恭贺古稀寿辰……’赠送给了这位老太婆。

“不用说，老太婆惊喜一场。尽管最后把保单拿下了，可对我来说，我掏钱买人情，是对我自己的惩罚。告诫自己今后再不能这么‘有眼不识泰山’了。”

一个家庭中，究竟谁是购买决定者很难说，正常情形是夫妻共商，有时是妻子做主，有时是丈夫做主，有时候是丈夫出面谈判，妻子幕后指挥。但有时候会出现伏兵四起，奇兵难料，从婆婆到小孙子、小姑子，每个人都可能是有决定权的人物。

那么，怎么看出谁是购买决定者呢？一般讲，出来谈判的多半是，但为了防止伏兵，不要眼睛只盯着他一个人，必须注意他周围每一个人，因为他们都可能对他产生一点影响力，即使别人没有丝毫决定权。

3. 不能以貌取人

很多销售员时常捶胸顿足地痛悔自己错失了良机，而且是他们自己把机遇从身边推走的，出现这种错误的原因通常很简单：比如轻视了某个人。有这样一件事：

两个汽车交易厅在同一条街上打擂台，相互间竞争非常激烈。有一天A厅来了个奇特客户，他穿着一条沾满泥巴的裤子，手里还拎着个塑料袋，总之他的形象与汽车展示厅显得格格不入。A厅的一个导购小姐皱着眉头走了过来，“先生，您需要什么汽车！”这个人有点慌乱地说：“啊，不，我只是看看！”导购小姐眉头皱得更深了，“我们这的车都是展示的，你别给碰脏了，再说我们这儿也不是商场，跑这儿来参观什么！”导购说完后，扭头走了。这个人讪讪地站了会儿，也只好离开了。过了一会儿，他推门进了B厅，一个导购小姐看见了他，马上跑过来打招呼：“先生，有什么可以为您效劳的吗？”这个人淡淡地说：“我就是看看。”导购小姐紧跟在他身侧，每当这个人对某一款车多看几眼，她就赶忙介绍一番。这个人有点不好意思了，说：“我不买车，只是看看！”导购却仍是满面笑容，“我知道，不过让您了解一下也好啊！”听完导购小姐的话，这个人紧皱的眉头也舒展开了，“小姐，我要买30辆Z-Z型农用车，你马上给我下单子吧！”导购小姐大吃一惊，“可，可我们经理不在！”这个人温和地笑着说：“不用找你们经理了，你对我的态度已经使我毫无保留地信任你！开票吧，我先付订金！”

因为轻视别人，A厅的导购小姐失去了一个数额巨大的订单，如果她知道那位衣衫陈旧的人居然是个大客户，一定会后悔不迭吧！

其实生活中，很多人都是深藏不露的：达官贵人，看起来也许就像平易近人的街坊邻居；千万巨富，也许衣着普通如同升斗小虫……很多机会也常常是披着陈旧的外衣而来的，轻视它，你就会把它从身边推走，而且很难再找回来了。这个案例的启示就是，作为一名优秀的销售员，切不可以貌取人，你必须养成重视销售中遇见的每一个人的好习惯。如果你能坚持做到这一点，那么你的业绩一定会直线提升。

在销售这条路上，我们会碰到各种各样的人，每个人都有自己的独特之处，你并不知道什么人会对你有所帮助，什么人能影响你的命运，所以每一个人我们都不能忽视，这样我们才能不错过任何机会，才能更快地走向成功。

我们常说“客户就是上帝”，但很多人对“上帝”也有高低贵贱之分！这不是一个卓越销售员的操守。要知道，我们不可能完全了解任何一个潜在客户。他是否有购买能力、兴趣何在，不经过面谈你便无从知晓。所以，我们千万不要忽略任何一个人，以免因小失大。

当客户不满时，我们这样做

当客户出现不满时，我们一定要格外注意，因为如果处理不好的话，我们很可能会因此失去客户，而且客户的这种不满情绪很可能还会影响到其他人。因此，当客户对我们的商品或者是服务表现不满时，大家一定要重视并妥善处理，使客户的心理由不满转化为满意，再到惊喜。

那么具体来讲，我们应该怎样做呢？

1. 以良好的态度应对客户的不满

处理客户不满首先要有良好的态度，然而说起来容易做起来难，它要求我们不但要有坚强的意志，还要有牺牲自我的精神去迎合对方，只有这样，才能更好地平息客户的不满。

2. 按照客户的希望处理不满

应对客户不满，要了解客户不满背后的希望是什么，这是解决客户不满的根本。表面上看，客户向销售员不满地说，他打电话要求公司处理一个简单的问题等了好几天都没回应。但深入地看，客户是在警告我们，如果我们不能给予满意的答复，他们以后不会在购买我们的商品，他们会去找另一家公司。令人遗憾的是，许多公司只听到了表面的不满，结果因对客户的不满处理不当，白白流失了客户。

3. 积极行动化解客户的不满

客户表示不满的目的主要是让我们用实际行动来解决问题，而绝非口头上的承诺或道歉，如果客户知道你会有所行动自然放心，当然光嘴上说绝对不行，接下来你得拿出行动来。行动一定要快，这样可以让客户感觉受到尊重，表示经营者解决问题的诚意，也可以防止客户的负面宣传对公司造成重大损失。

4. 在可能的情况下给客户层次高一点儿的补偿

在通常情况下，客户不满是因为经营者提供的商品或服务未能满足其需求，客户总认为他们受到了利益的损失。因此，客户不满时，往往会希望得到补偿。即使公司给了他们一点儿补偿，他们也往往会认为这是他们应当得到的，他们因而也不会感激公司。这时如果客户得到的补偿超出了他们的期望值，客户的忠诚度往往会有大幅度提高，而且他们也会到处传颂这件事，公司的美誉度也会随之上升。

另外，在具体处理客户不满时，我们首先要注意稳定客户情绪，分散客户注意力，避免冲突，大家可以试试以下这些方法：

(1) 请客户坐下

当不满的客户找上门来时，大多数人会表现得十分冲动，大声斥责，甚至捶胸顿足。这个时候，你是没有办法和客户沟通的。为了使冲动的客户尽快平静下来，我们应热忱招呼客户坐下来诉说不满。自己在一旁倾听、记录，郑重其事地把对方的意见记下来。

做好记录，既有助于双方建立一个友好的交流洽谈气氛，又可以使客户认为他们的意见受到了某种重视，没有必要再吵闹下去。一份完整翔尽的记录，将使得我们更好地接近客户，了解客户的真实信息，沟通双方的意见，并为自己下一步更妥善地处理不满提供参考依据。

(2) 表示出恭敬之意

友善热情地握手，给人以诚相见的印象，这是我们面见客户时应有的礼节。正确的握手姿势与力度，可以控制客户不满的情绪，起到镇定的作用，使得双方动口不动手。客户如果一时拒绝握手，我们可以借故反复多次试握，客户由于盛情难却，现场气氛会很快融洽起来。

在条件许可的场合，对不满的客人可以热情接待，以示安慰，比如敬一支香烟、泡一杯热茶、递几块糖果等。在日常生活中我们可以看到这样的情景，一批旅客预订了旅馆客房而无法马上入住，因为前面的客人刚刚退房离店，服务员正在房间整理清扫，拎着大包小袋从外地赶来的旅客在走廊上大发牢骚，怨言不断。经验丰富的经理见状，立即请客人到自己的办公室暂时休息，并给每一位泡上一杯热气腾腾的歇脚茶，受敬使人气平，受礼使人气消，在场的客人连声道谢，再多等一会儿也不会生气了。

3. 对客户表示理解

凡打算上门表示不满的客户，大多喜欢争取旁观者的支持，在公众场合抱怨发牢骚的客户也是如此，现场人越多，他们的指责越变本加厉。所以，一旦碰到年轻气盛的客人上门诉怨，我们应迅速将当事人带离现场，或到办公室，或到人群稀少的清静处商谈问题，莫在公众面前与之争辩，因为在大庭广众面前，我们纵然有十种百种理由来解释说明，客户也认为自己有理。

应急的一个办法是当面向客户表示理解之意，这是与客户联络感情的有效方式。如果不能表示完全的理解，我们至少也应该在某一点上持理解的态度，我们可以这样对客户讲：“多亏了你的指点……”“你当然有理由表示不满……”“对这个问题我也有同感……”这样的对话往往会使怒气填膺的客户怒气顿消。

5. 拖延一会儿再解决

对于某些客户提出的抱怨，我们一时很难找到其中的真正根由，甚至有些不满纯属虚构，我们根本无法给予圆满答案。碰到此类情况，精明的销售员大多采取拖延的办法，把眼前的纠纷搁置一旁，暂缓处理，比如答复对方：“我马上去调查一下情况，明天给你回复。”

尤其是遇到冲动而性急的客户，我们不要急于马上着手处理抱怨，以免草率行事，带来负面影响。我们可以先停顿一下，先与客户谈点儿别的话题，例如天气、社会新闻、对方情况等，目的是使客户平心静气提意见，有理智地谈问题，这种方法也能有效地对待和处置客户的不满。

在销售活动的每一个阶段，语言都占有重要的地位，在处理不满的工作中亦不例外。我们对措辞的疏忽大意，也会造成客户的抵触与对立。

比如，我们听到平时讲话中常有这样的说法：“这是一个误会……”“大概老兄搞错了吧……”“事实上不是这么一回事……”“我自己亲自证实一下再说……”这些说法，其实是在火上加油，有时，为了平息客户的怨气，一些销售员采取息事宁人的做法，表面上是安抚对方，但由于用词不当，结果适得其反，比如："就是为了这么一点儿鸡毛蒜皮的小事？""你说的没有那样严重吧？"这类话语不说倒罢，一说反而会引起客户的误会，给人造成的印象是客户错了，责任在客户身上。

有时，客户的要求超出了实际界限，公司往往不愿接受这种过分的要求，如果当面表示断然拒绝，甚至流露出"对方是有意敲诈"的态度，就会导致购销双方当事人的情绪对立，最终受损失的还是卖方。所以，我们不要急于表明自己的无辜，更不能马上指出责任在客户身上，而是要细心引导，设法让客户自己找到问题的所在。

老练的销售员每每遇到客户的不满，总是会回避直接讨论退、赔等问题，而是从分析入手，逐步明了公司和客户的各自责任，剔除其中不满夸大的因素，最后得出双方都能接受的条件。事实上，客户提出的过分要求，绝大多数是因为对方不了解具体情况，而不是有意地敲竹杠。

一般来说，客户的要求并非像人们想象的那么苛刻，就已达成的协议或交易来说，退货的数量是十分有限的，不近情理的耍赖型客户毕竟属于极少数。我们应从大局出发，不妨自己吃一点儿小亏，退一步是为了进两步，接受客户提出的合理要求。这些如果你处理得好的话，不但可以留住客户，甚至还可以提高你的声誉。

客户抱怨千百遍，我待客户如初恋

每个销售员几乎都遇到过客户抱怨的情况，销售专家认为，对客户的抱怨应该持欢迎态度，谨慎处事。

欢迎客户的抱怨是销售过程我们必须持有的态度，在日本销售界被誉为“经营之神”的松下幸之助先生认为，对于客户的抱怨不但不能厌烦，反而要表示欢迎。他曾经告诫部属：

“客户肯上门来投诉，其实对企业而言实在是一次难得的纠正自身失误的好机会。有许多客户每逢买了次品或碰到不良服务时，因怕麻烦或不好意思而不来投诉，但坏印象坏名声永远留在他们的心中。

“因此，对待有抱怨的客户一定要以礼相待，耐心听取对方的意见，并尽量使他们满意而归。即使碰到爱挑剔的客户，也要婉转忍让，至少要在心理上给这样的客户一种如愿以偿的感觉，如有可能，销售员尽量在少受损失的前提下满足他们提出的一些要求。假若能使鸡蛋里面挑骨头的客户也满意而归，那么你将受益无穷，因为他们中有人会给你做义务宣传员和义务销售员。”

松下幸之助还曾对部属讲到这样一件事：有位大学的教授寄信给他，说该校电子研究所购买的松下公司产品出现使用故障。接到投诉信的当天，松下幸之助立即让生产这种产品的部门最高负责人去学校了解情况。经过厂方诚心诚意的说服与妥善的处理工作，使研究人员怒气顿消，对方还进一步为松下公司推荐其他用户和订货单位。

要知道，抱怨对销售的危害性极大，它给客户以极大的心理刺激，使客户在认识上和感情上与销售员产生对抗。一个客户的抱怨可以影响到一大片客户，他的尖刻评价比广告宣传更具权威性，抱怨直接损害销售产品与销售企业的形象，威胁着我们的个人声誉，也阻碍着我们工作的深入与消费市场的拓展，所以大家对此千万不能掉以轻心。

不少朋友把客户的抱怨视为小题大做、无理取闹，这是由于他们仅仅把自己作为一个旁观者来看待。

销售专家认为，只有站在客户的立场上看待客户的抱怨，才能更好地理解客户抱怨的重要性，积极采取有效措施予以妥善处理。

当人们心中有了疙瘩，让他讲出来比让他闷在心中更好，闷在心中的意见总会不时浮现，反复刺激客户，这种心理刺激会对我们的销售工作构成消极的影响，久而久之我们会因此失去客户的信任。客户有了意见闷在心中，我们无从得知，始终蒙在鼓里，继续进行使客户不快的促销做法，这样，会得罪更多的人，届时情绪会更加对立，再试图做解释和挽回工作都属徒劳。

一般来说，客户抱怨基本上有两种性质，一种是群体性的，这是一般公司会注意的大问题。

但是对于我们个人而言，第二种性质的抱怨同样不可忽略，即个别性的客户抱怨。如果你能运用合作性、令人满意的方法解决个别客户的问题，就很可能产生一位忠实的终生客户。

假如抱怨是成交良机，那么应如何好好把握呢？首先必须尽可能使客户申诉的管道畅通。必胜客 1990 年在圣地亚哥试营业成功之后，几年后开始启用免费电话，接受客户申诉。一有客户打电话进来，必胜客的专职人员就会认真地记录下这个申诉电话的内容。除了分辨申诉原因、客户的语调之外，专职人员还会记录导致客户抱怨的事件所发生的时间和地点，同时整理出人数的统计资料和客户的购买习惯，作为新产品及宣传活动的企划参考。

申诉中心每天利用电脑，将客户抱怨的资料传给相关的店长，而收到讯息的店长必须在 24 小时内给申诉客户回电话。这种两段式的处理，最巧妙的地方在于店长在打电话给客户之前已经知道问题所在，并做好了充分的准备。

必胜客通过申诉系统，将个别客户的抱怨变成资产，而不是仅把客户的抱怨当作店面经营不善、产品设计不良，或其他内部系统问题的先期病兆。

另一方面，必胜客还利用客户的投诉来加强与个别客户间的关系。一位管理员说，这项系统的好处之一是：“当客户感到意见被尊重时，自然会产生一种参与经营的感觉，无形中提高了忠诚度。”

在这里，我们为大家推介了一些处理客户抱怨的建议，朋友们不妨参考一下：

1. 虽然客户并不总是正确的，但让客户感到自己正确往往是最有必要的，在销售洽谈中也最值得注意。

2. 要知道客户的抱怨是难以避免的，因而我们对此不必过于敏感，不应该把客户的抱怨看作是对自己的指责，要把它当作正常工作中的问题去处理。

3. 如果你拒绝接受赔偿要求，应婉转充分地说明己方的理由，让客户接受你的意见就像你向客户销售产品一样，需要耐心、细致而不能简单行事。

4. 客户不仅会因商品本身的问题而抱怨，还会因商品不适合他的需要而抱怨，我们不要总是在商品本身的优劣上打转转，要多注意客户的需求是否能得到满足。

5. 有些时候，你对客户的索赔只提供部分补偿，客户就感到满意了。在决定补偿客户的索赔之前，最好先了解一下索赔的金额，通过了解你会发现，赔偿金额通常要比原先预料的少得多。

6. 在处理客户为了维护个人声誉或突出自身形象而抱怨时要格外小心，抱怨也是一面镜子。

7. 不要局限于给客户写信，要经常深入客户，与之进行面对面的接触。处理客户的抱怨，重要的不是形式，而是实际行动与效果。

8. 任何时候我们都应当让客户有这样一种感觉：他在认真对待自己的各类抱怨，并且对这些抱怨进行调查，抓紧时间把调查结果公之于众，没有拖延耽搁。

9. 在你未证实客户说的话不真实之前，不要轻易下结论，不责备客户总比责备客户好一些。

10 要向客户提供各种方便，尽量做到只要客户有意见，就让他当面倾诉出来，同时发现客户一时还没有表示出来的意见和不便提出的问题。

总而言之，如果不把客户的抱怨处理好，我们就会失去客户的信任，因此你必须学会处理客户抱怨的方法，这是每一个销售员的必修课。

礼貌辞别，去时要比来时美

销售界有一句名言：“第一次访问的结果是第二次访问的开始。”也就是说如果你能在初访时给客户留下良好的印象，那么就为再访创造了机会。

访问销售，既然是访问，必有辞别离开的时候。这时，你给客人留下印象的好坏，直接影响到你的业绩。然而没有注意这个问题的销售人员，却大有人在。强迫销售的销售员多半会把门砰的一声关上。凡是卓越的销售人员，都不会这样做。

那么怎样才能给客户留下难忘的印象呢？以下是必须遵守的几个要点：

(1) 即使对方拒绝了，也不能忘记说声“谢谢”。

(2) 突然光顾，单是客户能听你的销售词就值得感谢了。

(3) 辞去时和访问时对待客人要同样恭敬。

(4) 门将关上时，再一次向对方表示出礼貌的态度。

(5) 关门的动作要温文尔雅，不要随手一摔。

俗话说“去时要比来时美”，才能给人以深刻的好印象。正如一首诗无论开头多么豪迈，若结尾软弱无力，都不会是首好诗。但如果开头平淡无奇，而结尾余韵无穷，意境深远，却堪称是首好诗。

销售人员的辞别可以说是与客户的暂时别离，除非你决意不再和这位客户做买卖，便不在乎离去时的礼节，否则，客户总是以你辞别时的形象来评价你，而我们的形象比商品形象更重要。尤其是在被拒绝时，更能体现我们的形象，除非你不是以销售为业，只做一锤子买卖，而辞别时，脸拉得很长，把手伸到背后粗暴地带上门，也就切断了身后那条与客户的无形的“红线”，这样你的销售市场就越来越小。

当然，这样有礼貌的告辞，主要还是为了给再访创造机会，因此，告辞时别忘了确定一下再访日期，方式有以下几种。

对果断型的客户要让他自己决定时间。具有独立性格的自主果断型的人多半不喜欢被人安排约会时间。对于这种人，你可先试探：“下个星期天或哪天我再来做访问？”或“什么时间来比较恰当？”总之尽量避免侵犯他的自主权。

对优柔寡断的客户要明示时间。一般而言，女客户是属于优柔寡断型的，也就是说女性大多数购物时总是优柔寡断。所以只要还有一线希望，你都应该再做一次访问。当你辞别时，你应该说：“好，星期三下午我再来做更详细的说明。”具体指明日期，以观察对方反应，如果对方没有反对就表示默认了；如果对方说：“不行，星期三我没空……”你就说：“那么下个星期天我再来打扰好了。”而如果你问：“下次我什么时间来打扰方便？”就是一种愚不可及的约会方式。

暗示自己将再来访问。如果你未得到约会，就以为下次不能再来访问，就是死脑筋了。如果对方很冷淡地说：“我们目前不需要这个东西。”你千万别灰心，你可以接着说：“好的，既然如此，下次我再带最新的产品来供您参考。您认为不合适也没关系。”这样不就创造了再次访问的机会了吗？因为你已表示你还要再来，而且要他再度听你的销售。

总期待一次访问就成交是不切实际的，以为下次再也不走进这个家门，则更是愚蠢。所以，聪明的销售员一定会与已访问的人家结下不解之缘，一次、两次乃至数次去访问。

做不成买卖，风度仍要在

绝大多数销售员都能够做到，向客户销售时彬彬有礼，但却不是每个销售员都能做到，在生意没有谈成、失望地离开客户时依然保持风度。

销售员可能有这样的疑问：既然生意没有谈成，我们有必要再对人家礼貌有加吗？答案是肯定的。古人云：生意不成情义在。这是一个销售员的基本修养，事实上一次销售的失败，也可能蕴藏着下一次商机。如果我们失去一次做成一笔生意的机会，那么，这次访问的投入，我们不是可以收获好的感情交流吗？这一次的不成功，自然是可以成为下一次成功的伏笔，把一个良好的印象深深地刻在客户的脑海里，它甚至比做成一笔生意重要得多，因为生意永远是做不完的。

之所以有很多销售员抱怨没有“回头客”，主要原因就在于每当被客户拒绝后，你就觉得这个客户已经不属于你了，你也没有必要再像刚拜访客户时那样“低三下四”了，因此无礼地甩头就走；或者再也不像客户刚进到你店里那样，毕恭毕敬地去提供服务了，而是把客户冷落在一旁，这样就给对方留下了极差的印象，那么谁还会主动回头找你买东西呢?

有些大公司，对于来公司考察和谈生意的客人，去机场或车站接站的仪式都会很隆重，但是如果买卖不成的话，那么送站的场面就有点尴尬了。有很多商界朋友，提起令人不愉快的交往，没有一个是关于接站的，而对送站的不满比比皆是。这就让人产生了“这个公司一辈子也不要再来”的感觉，这对于企业的形象是一个致命的打击。原来你的所谓礼节是冲着那笔可能的生意去的，而不是我这个人，生意不成，居然礼节也不要了，朋友也不处了，这是多么令人伤感的事情啊!

日本很注重礼仪，在送客的礼仪方面也有独到之处，表现得谦和有礼。为了合作，日本某工厂邀请对方来厂参观，参观结束后对方并没有和这家工厂签订购买产品订单，当被邀请方坐大巴离开时，工厂的领导、员工等都在门口恭送客人。每个人都是90度的鞠躬，很有礼貌。

尤其令人惊讶的是，参观团的一个领导看到：后面还有一个工人装束的人在鞠躬。这是一位接近退休年纪的老先生。此时所有的代表团成员都在跟工厂的领导道别，这一切本来与这位老工人无关，可是他依然以厂为家，以公司为荣，用一样的礼仪欢送贵宾离开。

这位老工人的举动最终打动了参观团里的这位领导，于是回到公司后他就打来了合作的电话。这就是服务精神所在，服务是一种天职。就算别人没有关注你，你也应该把服务做好。在整个社会大环境里面，每个人都是一分子，每个人都在为别人服务的同时接受着别人的服务。一个优秀的业务员应该时时刻刻把服务做好，这是对自己的一种肯定。所以服务不光是做给别人看的，有时候也是自己本身的需要。

在销售活动中，销售前期能够以周全的礼节对待客户的销售员可能是 100%，而自始至终能够以周全的礼节对待客户的销售员，可能不到 30%。我们之所以举出这样的例子来，只是希望销售员们都能在销售过程中做到善始善终，在被拒绝后依然保持君子风度。

销售员一定要明白，这次的被拒绝就是下次销售的开始，因此，如果因为买卖没做成，就对客户爱答不理、漫不经心，那么这样的销售员就是没有素质，不懂得礼仪，或者说根本不合格。而且，今天不买或仅买一点商品的客户明天未必就不买大件商品。如果客户受到无礼对待，势必不愿再来，你势必会损失大批回头客。退一步说，即使客户真的不买大件商品，真的没钱，销售员也应一视同仁。

买卖不成人情在，同样买卖不成礼节也还要在，合格的销售员应该做到：客户买与不买一个样，买多买少一个样。

订单抢到手，切不可过河拆桥

相当多的销售员认为："产品卖出去就算了，服务客户纯粹是浪费时间。"这是一种十分肤浅的想法，这样的销售员很难有业绩，因为他们不明白这样一个道理：最好的服务就是最好的销售。

售后服务，不论是对老销售员还是新销售员都很重要，举例来说：甲是销售老手，但如果预订客户少的话，是无法一直维持好业绩的。乙资历浅，但却有许多优良的预定客户，那么乙定能一直保持良好业绩。因此，确保更多优良预定客户，对销售员而言，非常重要。

此时，售后服务的重要性突显出来，能力愈好的销售员，愈要维持良好的人际关系，以保持更多的客户。所谓人际关系，并非一般人与人之间的交际，而是指客户对商品满意时所形成的关系。这种关系的形成条件，便是在售后服务极为周到的状态下成立的。因此必须重视客户，让客户满足。如此一来，你的客户便会主动介绍新的客户给你，于是就会变成客户产生客户，新客户源源不断地产生，这也是售后服务的最终目的。

而一些销售业绩不好的销售员，订单一旦到手就什么都不管了，偶尔想到再去拜访客户时，也只是抱着是否能够得到更好的资讯的心态。这完全是为了自己的利益才去拜访客户，客户自然不会满意，若再言及获得更好的资讯，谈何容易。

很多销售员因担心客户会抱怨或后悔所买的产品，所以不愿做售后服务。但我们必须明白，售后访问的真意，原本就是要检视会不会有什么意想不到的问题，再针对其原因加以解决。因此，客户当然会产生各种抗议、批评、不满的心理，但只要我们做好了心理准备，去访问时就不会无所适从了。

目光短浅的销售员认为服务是一种代价高昂的时间浪费，这种观点是完全错误的。因为我们必须明白：服务质量是区分这家公司与另一家公司、这位销售员与那位销售员、这件产品与那件产品的重要标准，没有一种产品会永远超过竞争对手，但是，优质服务却可区分两家公司。一旦你确实为客户提供了优质服务，无疑你就会成为令人羡慕的少数销售员中的一员，你比你的竞争对手更具优势。

一份调查报告显示，尽管一些注意服务的公司要收取产品价格的一定比例的金额作为服务费，他们的市场占有量也能每年增加6%，而那些服务不佳的公司每年要损失两个百分点。由此可见：提供优质服务能够得到好的回报。

一位优秀的销售员外出做销售拜访时，他信奉的原则是，随时和客户们保持联系，当他到客户家拜访时，他一定会做三件事：

第一，介绍新推出的产品。

第二，在客户个人的电话簿上写下他的姓名、电话。

第三，要求客户介绍两个人给他。

每一个人都很爱服务。虽然好的服务应该被视为理所当然的运作过程，可是却很少有销售员会这么做。当客户受到好的待遇服务时，

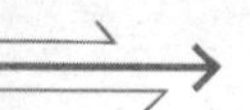

他们会十分惊喜。因此，客户会相当珍视他们所受到的不凡服务，他们也会非常乐意介绍朋友来向那名服务到家的销售员购买产品。

著名的保险销售员坎多尔弗十分注重售后的服务，在他看来，“优良的服务就是优良的销售”。他说：“要想与那些优秀的销售员竞争，就应多关心你的客户，让他感到你这儿有宾至如归的感觉。你应该建立一种信心，让他永远不能忘掉你的名字，你也不应该忘记客户的名字。你应确信，他会再次光临，他也会介绍他的同事或朋友来。能使这一切发生的方法只有一个，就是你必须为客户提供优质服务。”

坎多尔弗不仅在销售过程中提供优质服务，而且还传授了他的售后服务方式，他说：“有个好主意可使你在售后继续提供优质服务，那就是在成交后着手给他写上几句什么，或是打个电话。”

“如果不与你的客户保持联系，你就不可能为其提供优质的售后服务。”坎多尔弗在其销售生涯中，自始至终都牢记着这一信条，可以说这是他成功的关键所在。

每位优秀的销售员都应该学会注重售后服务，因为更多、更好的售后服务，会吸引住你的客户，而他们对你的良好评价会为你带来更多的客户。

美丽售后，给客户离不开你的理由

我们已经一再强调了售后服务的重要性，但很多朋友在售后服务上还是存在一些误区，他们也常常因此失去了许多客户，这是非常可惜的。

生意谈妥之后，我们往往因松了一大口气而忽略了后面的服务工作，倘若你只想做一锤子买卖，这种做法没有问题，如果想要拥有长期往来的客户，服务工作做不好，在接了一个订单后，客户就会像断了线的风筝，不知去向。

对于有出货期限以及分批出货的商品，我们亦应与公司各有关部门保持紧密联系，追踪工作进行状况，这样才能避免造成双方的摩擦与客户对商品的抱怨。作为销售员，我们无论什么时候都要对客户负责到底。

美国有一家快递公司突然发现冒出了一个报价超低的竞争对手，老客户纷纷被新公司所吸引，并要求快递公司降价。快递公司经过核算，认为如果按照竞争对手的价格降价的话，无法快捷准确地送货。于是，他们向客户说明情况，表示低价收费无法提供令人满意的服务。客户反复考虑后，还是与新公司签了合同。老牌快递公司丢了不少业务，但他们不为一时的得失所动，静待变化。果然不出所料，新公司低于成本的收费使之难以兑现他们的承诺，送货经常出现问题。过一段时间之后，老客户们回过头来，又与老牌快递公司进行合作了。

可见，光有好的销售，没有好的服务是留不住客户的。为了让大家更直观地看到自己在售后服务上所犯的错误，我们总结出了 9 种常见的错误，供朋友们参考一下。

1. 过度热情会吓走客户

对客户过度热情，频繁地打电话给客户，或者到客户家里做长时间的拜访，对客户的私人生活也表现出极大的兴趣，却从不考虑对方的感受如何。以为只有这样才能和客户建立和谐的客情关系。

实际上，过度的热情反而会把客户吓走。他会觉得你干扰了他的正常生活，甚至侵犯了他的隐私，引起他的不快。

良好的客户服务需要用令客户感到舒服的方式进行。即在向客户表示真诚和热情的同时，又要与客户保持合理的距离。切勿让客户感到你在死缠烂打。

2. 过分的投入不是服务

不要以为好的服务就是多请客，多送礼，和客户吃吃喝喝，玩玩乐乐。其实，好的服务不一定非要投入高成本或迎合客户不良趣味。物质上的投入固然会给客户满足感，但过分的投入也会给我们带来沉重的压力，客户反而会把你看成是只知吃喝的人。

一份轻巧的礼品、一次细微的关怀、一句及时的问候就能让客户感受到你的体贴和真诚，从而给其留下深刻的印象。

3. 服务不是低声下气

为了顺利地卖出产品，在销售中将自己的姿态降得很低，对客户曲意逢迎。即使客户提出无理要求都忍气吞声，唯唯诺诺，使客户得寸进尺，甚至轻视你。

实际上，这种行为不仅无法得到客户的尊重，而且会严重损害我们的专业形象，令客户对其所提供的产品和服务的信任大打折扣。

优秀的销售员是凭热忱的服务态度、专业的产品知识、出众的销售技巧来赢得客户的尊重和信任的。

4. 没有投诉并不意味服务良好

一些朋友以为只要客户购买产品后，不抱怨也不投诉，就意味着客户对自己的服务很满意，可以高枕无忧了。

实际上，超过 88% 的不满意客户会保持沉默，他们不会投诉，也不会找你解决问题，因此，你也就失去了留住他们的机会。他们中有 54% 的人会把对产品的不满告诉自己的朋友。

因此在产品销售出去后，我们要主动与客户适时地联系，询问产品使用效果如何、对服务的满意度如何等。一旦发现客户不满意，就要立即采取补救措施。

5. 不尊重客户是服务的大忌

对客户不尊敬，自认为自己是专业人才，对产品了如指掌，不仔细聆听客户的意见。常常打断客户的谈话，把自己的猜测或判断或意见强加给客户。

这种表现只会让客户对你和你的公司产生反感，甚至逆反心理，其后果就是失去这个客户。要知道，这个世界上没有人认为自己是笨蛋。客户也有自己的主见和选择权，他们需要得到的是你的建议和参考。

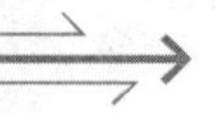

6. 别把你的爱好强加给客户

有些朋友认为在服务中满腔热情、尽心尽力就是最好的客户服务了。这种服务热情和积极性是值得赞赏的。但是，服务不是仅仅有一腔热情就足够的。每个人的性格和处事方式都不尽相同，客户也是一样。如果你只以自己喜欢的方式去对待客户，有可能造成客户不快。只有辨别不同类型的客户，尊重不同客户的个体差异，并按照客户喜欢的方式来服务，才会最终赢得客户的心。

7. 完结的是交易不是服务

把精力更多地放在销售上没错，但如果认为钱货两清后交易就完成了，该寻觅下一位客户了，从而对售后服务漫不经心，则是错误的。

现在是服务制胜的年代，轻视售后服务只会造成客户流失。一名优秀的销售员，其客户流失率一般在15%左右；至于服务不良的销售员，其流失率则较高。失去了忠诚的客户群，就意味着失去了生意的基础。销售与服务是相辅相成的，细致入微的服务对扩大你的客源有着极大的促进作用，它有助于你同客户建立起长久稳定的互惠互利的关系。尤其是行销年代，更是必须注重服务，否则，客户就会离你而去。

8.“喜新厌旧”是自讨苦吃

有些朋友以为老客户是熟客，关系稳定，不会有流失的危险，不需要花太多的时间在他们身上。其实，把大部分时间和精力都花在寻找新客户身上，忽略了对老客户的周到服务是一件很危险的事。

开拓新客户固然重要，但是，如果因此而丢掉了老客户，可就得不偿失了。现代市场千变万化，客户每天都会受到五花八门的市场信息的刺激。如果你忽视了对老客户的照顾，他便极有可能被其他品牌所吸引。一旦老客户选择了离开，再让他回心转意就要花费很大的力气了。

据调查，维护老客户的费用是开发新客户的15%~20%左右。所以，孰轻孰重，你自会判断。

另外有一点要记住：当环境好的时候，适合开发新客户；环境恶化或竞争激烈的时候，维护老客户则更为重要。

9. 许下承诺就要兑现

有些朋友为了把产品卖出去，对客户许下种种承诺，如告诉客户使用产品不满意可以无条件地退货或给予众多的礼品、赠品等。当客户满怀希望地等待我们兑现承诺时，我们却发现其承诺不符合公司的规定和制度，不能兑现其承诺，由此失信于客户。

做出承诺之前一定要考虑清楚，你是否能够做到。客户会对你的承诺有很高的期望。客户对你的期望越高，一旦不能兑现时，他的失望也就越大。客户对你失去信任之时，就是你失去客户之日。

作为销售员，我们的信誉是建立在信守承诺的基础之上的。如当客户提及退货时，首先自己应该清楚公司的退货制度，并向客户做出清晰的说明。

另外，我们经常犯的错误还有：夸大广告投放力度，随便承诺客户促销礼品，给客户不切实际的返利等，这些都要严加注意。